Sammlung Luchterhand 1019

Über dieses Buch: Zum erstenmal werden die Wegbereiterinnen der Körpertherapie in einfühlsamen Porträts vorgestellt. Die Autorin Hadassa K. Moscovici hat neun Therapeutinnen besucht und sich Lebensweg und Arbeit dieser Frauen erzählen lassen: Gerda Alexander, Gerda Boyesen, Liljan Espenak, Lilli Friedemann, Marianne Fuchs, Kaye Hoffman, Ilse Middendorf, Trudi Schoop und Laura Sheleen. Die Porträts werden eingeleitet durch kurze Erläuterungen der jeweiligen therapeutischen Methode. Fotos, Literaturhinweise und Adressen der Schulen, in denen die vorgestellten Therapien gelehrt werden, ergänzen diesen Beitrag zur Geschichte weiblicher Kreativität.

Über die Autorin: Hadassa K. Moscovici wurde 1952 in Bukarest geboren. Nach abgeschlossenem Philosophie- und Medizinstudium, Promotion, Krankenhaustätigkeit. Langjährige Unterrichtserfahrungen mit Yoga, Taiji und Qi-Gong. Sie lebt als Ärztin in Hamburg.

Hadassa K. Moscovici

Vor Freude tanzen, vor Jammer halb in Stücke gehn

Pionierinnen der Körpertherapie

Luchterhand
Literaturverlag

Für
Lucia Constantinescu
Sophia Popp
Sabine Schümann

Sammlung Luchterhand, Dezember 1991
Luchterhand Literaturverlag GmbH, Hamburg · Zürich. Umschlagentwurf: Max Bartholl. Satz: Uhl + Massopust, Aalen. Druck: Wagner GmbH, Nördlingen. Printed in Germany.
ISBN 3-630-71019-0

1 2 3 4 5 6 96 95 94 93 92 91

Inhalt

Mary Wigman

Vorwort

Drei Wege führten aus der Leib-Seele-Spaltung des westlichen Menschen in das heutige Wirrwarr psychotherapeutisch wirksamer, körperorientierter Methoden. Zunächst erwachte ein verändertes Verständnis für Tanz und Bewegung. Dann wurde die Kunst des Atmens entdeckt, und schließlich wurde die Einsicht in die Bedeutung des Spürens und der inneren Beteiligung formuliert. Auffallend an dieser Entwicklung ist, daß im wesentlichen Frauen die entscheidenden Beiträge leisteten. Während das Walzertanzen als obszön verboten war, jede ausholende Bewegung, durch die sich Lebenslust hätte ausdrücken können, entweder stigmatisiert oder durch Korsetts unmöglich gemacht wurde und die Frau als soziales Subjekt zu alledem an den Rand der Gesellschaft gedrängt war, wagten einige den Sprung in eine neue Körperlichkeit.

Die in San Francisco geborene *Isadora Duncan* (1878–1927) stieg von dem Podest herab, das Frauen in Form von Spitzenschuhen und Absätzen untergeschoben worden war, legte Korsett, Schuhe und Strümpfe ab und begann, sich selber und ihre eigene seelische Befindlichkeit tänzerisch zu artikulieren. Sie suchte einen Weg von der Akrobatenkunst des klassischen Balletts zu einer innengeleiteten Bewegung. Es war gerade die Zeit, in der die Entdeckung Trojas durch den Kaufmann Heinrich Schliemann die Zeitungsspalten und den Zeitgeist füllte. Durch Darstellungen auf klassischen griechischen Vasen und Tellern angeregt, orientierte sich Isadora Duncan in ihrer körperlichen Ausdrucksweise an griechischen Vorbildern. Sie tanzte in einer Tunica so sehr ihr Innerstes nach außen, daß »bärtige Männer zu weinen begannen«. Dieser revo-

Isadora Duncan unterrichtet, Paris 1914

lutionäre Umgang mit dem Körper verursachte immer wieder große Skandale. Im Winter 1902 verließ Isadora Duncan die Tanzprovinz Amerika und kam nach Deutschland.

Erst hier begann ihre eigentliche Karriere. Nachdem sie Griechenland mit eigenen Augen gesehen hatte, wurde ihr

klar, daß das, was sie im Geiste der Antike nachentwickelt hatte, tatsächlich eine völlig eigenständige Arbeit war. Sie wußte jetzt, daß sie als amerikanische Tänzerin eigene Wege suchen mußte. Die Natur wurde ihr zum eigentlichen Lehrmeister. Nacktheit bedeutete für sie die reinste Form der Kunst und der Tanz die aus dem menschlichen

Mary Wigman

Körper erwachte Schönheit. Die Bewegungen ihres Tanzes gestaltete sie nach den Wellen des Meeres, dem Wehen der Winde, nach den Wolken, dem Atem und dem Rhythmus des Herzschlags. Am Meer[1], das in seiner unermeßlichen Weite immer eine besondere Bedeutung für sie gehabt hatte, starb sie 1927, von ihrem langen Schal stranguliert, der sich in den Radspeichen ihres Wagens verfangen hatte.

Wie man ihr turbulentes Wirken auch beurteilen mag: mit ihrer Auffassung vom Tanz begründete sie den Anfang der modernen Tanzkunst. Alle, die nach ihr kamen, verdanken ihr außerdem das Interesse, das sie für Wahrnehmung und Ausdruck im Tanz geweckt hat.

Der endgültige Durchbruch dieser expressionistischen Tanzform gelang aber erst in den zwanziger Jahren mit den Aufführungen *Mary Wigmans* (1886–1973). Marie Wiegmann, die gemäß damaliger Mode ihren Namen abgewandelt hatte, war ursprünglich zur Lehrerin für rhythmische Gymnastik bei Emile Jacques-Dalcroze ausgebildet worden. Auf Empfehlung der Frau ihres Freundes Emil Nolde kam sie 1913 auf den Monte Verità in Ascona, wo sie *Rudolf von Laban* (1879–1958) begegnete.[2] Dieser Systematiker, Philosoph und Anreger des modernen Tanzes[3] äußerte sein Bedauern, als Mary Wigman ihm ihre Anstellungsurkunde als Lehrerin an der Dalcroze-Schule für rhythmische Gymnastik zeigte. Er sehe in ihr eine Künstlerin, die auf die Bühne gehöre, meinte er.

Von dieser Ermutigung bestärkt, begann sie sich von der freien, ekstatischen Improvisation zu lösen und die zuvor gewonnenen Erfahrungen für sich und später auch für ihre Truppe in strengen Choreographien zu gestalten. Hatte Isadora Duncan den Weg zu einem persönlichen Ausdruck geebnet, erkannte Mary Wigman die Notwendigkeit, diesen Ausdruck auch in eine Form zu bringen. Dabei sah sie den Raum als einen aktiven Partner oder

Gruppenübungen in Ascona nach Rudolf von Laban

auch Gegner an, zu dem es mit dem eigenen, rhythmisch bewegten Körper eine Beziehung aufzubauen galt. Während das Ballett noch auf den Schwingen der Musen schwebte, ging sie barfuß, ohne auf das gängige Schönheitsgefühl zu achten, der magischen Anziehungskraft der Erde nach. Für sie war der Boden der Ausgangspunkt und zugleich der Ort der Rückkehr des menschlichen Seins. »Tänzerfüße lieben die Erde«, schrieb sie einmal.

Literarisch war schon jahrhundertelang der Zusammenhang von Körper und Seele formuliert worden. Sogar die Ursache für die Störung des einfachen und natürlichen

körperlichen Seins war spätestens seit Kleists Traktat über das Marionettentheater bekannt.[4] Eine Art Über-Ich störe den körpergerechten Ablauf einer Bewegung. Auf welche Weise aber die Wiederkehr des Natürlichen im Körper erreicht werden konnte, das blieb späteren Zeiten vorbehalten.

Im allgemeinen gilt der französische Schauspieler *François Delsarte* (1811–1871) als der erste, der in konkreter Körperarbeit nach der stimmigen Bewegung suchte. Er wurde durch seine Theaterschüler auf die Frage aufmerksam, wann Bewegungen den Zuschauer ansprechen und wann sie wirkungslos bleiben. Seine Betrachtungen führten ihn zu seinem »Gesetz der Trinität«. Es besagt, daß der Mensch zugleich ein intellektuelles, emotionales und physisches Wesen sei, das den Gesetzen von Raum, Zeit und Bewegung unterworfen ist. Den Körper unterteilte Delsarte in die drei Kategorien Kopf, Torso und Glieder. Auf neun Gesetzen von Gestik und Körperhaltung basierend, verlieh er jedem Teil des Körpers Ausdruck und Bedeutung und stellte jeweils eine Beziehung zwischen der Bewegung und dem Atem her. Zunächst hatte sein Interesse dem natürlichen Fluß harmonischer Gliederführung gegolten; mit der Zeit erkannte er, daß Körperbildung – im Sinne der Entfaltung eines eigenen Ausdrucks – als eine Weise der umfassenden Menschenbildung betrachtet werden müsse.

Da er mit seinen Ideen in Frankreich nicht den erwünschten Widerhall fand, wanderte er nach Amerika aus. Sein Buch »System der Redekunst« blieb in den Vereinigten Staaten bis ins erste Drittel dieses Jahrhunderts hinein ein von Schauspielern vielbenutztes Buch. Als unmittelbare Folge seiner Arbeit wurden sowohl das Rezitieren als auch Autorenlesungen zur neuen Attraktion öffentlicher Einrichtungen, privater Wohnzimmer und halböffentlicher Salons.

Als Delsarte nach Paris zurückkehrte, wo er 1871 allein und unbeachtet starb, führte eine Schülerin eines seiner Schüler, die Amerikanerin *Genvieve Stebbins,* seine Arbeit fort. Sie weitete seine Ideen mit der Zeit zu einem eigenen System gymnastischer Erziehung aus.

Eine ihrer Schülerinnen wiederum war *Bess Mensendieck*. Die in New York geborene Bess, eigentlich Elizabeth Marguerite Mensendieck (1864–1957 oder 1958, das genaue Todesdatum ist auf testamentarischen Wunsch unbekannt), war eine niederländisch-amerikanische Ärztin, die die rhythmisch-funktionelle, also den anatomischen Gegebenheiten angepaßte Gymnastik um 1900 begründete. Mit Hilfe verschiedener Übungen sollten Zivilisationsschäden verhindert oder behoben und der Mensch zu einem eigenrhythmischen Bewegungserleben geführt werden. In New York erschien 1907 ihr Buch zur »Körperlichen Erziehung der Frau«. Darin beschrieb sie, wie einzelne Muskelgruppen durch wiederholte Übungen gekräftigt werden können – dies zu einer Zeit, in der das Bild der Frau von Ohnmachtsanfällen und Riechsalzen umflort war. Die rhythmische Gymnastik wurde schnell populär; Bess Mensendiecks Buch wurde in mehrere Sprachen übersetzt und erlebte zahlreiche Auflagen.

Später wurde ihre Methode ergänzt. *Emile Jacques-Dalcroze* (1865–1950), ein ehemaliger Schüler der Komponisten Anton Bruckner und Jacques Délibes, war zu jener Zeit ein noch unbekannter Harmonielehrer am Genfer Konservatorium; er erweiterte die Mensendieck-Gymnastik um eine künstlerische Komponente. Nach seiner Auffassung bilden Musik und Bewegung über den Rhythmus eine untrennbare Einheit; musikalischer Rhythmus müsse und wolle einen körperlichen Ausdruck finden. Er versuchte, die Entwicklung des rhythmischen Empfindens durch körperliche Übungen zu fördern: Takt, Notenwerte und Töne einer Musik sollten in Bewegung übersetzt und damit einen »schnellen Kommunikationsstrom zwischen Körper und Gehirn« fließen lassen.

Wie Isadora Duncan war auch Dalcroze durch das antike Griechenland beeinflußt, das im Musiker zugleich den Tänzer sah und die Seele als mit dem ganzen Menschen identisch betrachtete. In besonderer Weise aber stand er Platon und dessen antibacchantischer Haltung[5] nahe. Dalcroze suchte mit Maß und großem Bedacht nach dem »guten Rhythmus«. Seine Zeitgenossen sahen in

Jacques Dalcroze

seiner Arbeit die Einheit des Lebens wiederhergestellt; er selber strebte aber nicht nur die Einheit von Körper und Seele, Musik und Bewegung an. Seine Ausbildungsmethoden sollten auch die Individualität und das eigenständige Urteil durch Improvisationsübungen und entsprechende Analysen stärken.

Sein Unterricht, seine Person und seine Methoden waren so überzeugend, daß die bekanntesten Tänzer seiner Zeit mit ihm gearbeitet haben. Sowohl die Ballettänzerin Anna Pawlowa, die auf mehreren Kontinenten die Schönheit, die niemals sterben kann, vertanzte, als auch Mary Wigman und zahllose andere haben bei ihm gelernt. Als er seine Arbeit 1910 in Berlin vortrug und an drei aufeinanderfolgenden Abenden mit seinen Schülern demonstrierte, war die Begeisterung so groß, daß man ihn in Deutschland zu halten versuchte. Schon ein Jahr später wurde er künstlerischer Leiter einer eigens für ihn erbauten Bildungsanstalt in Hellerau bei Dresden.

Trotz der Begeisterung für seine Arbeit wurde durchaus auch Kritik geübt. Einige meinten, Dalcroze behandle den Körper nicht als eigenständiges Instrument, sondern nur als Mittel der Musikerziehung.

Obwohl seine Schule schon im ersten Jahr zu einer internationalen Begegnungsstätte geworden war, blieb er nur knappe zwei Jahre in Dresden-Hellerau. Als die deutsche Artillerie gleich zu Beginn des Ersten Weltkriegs die Kathedrale von Reims beschoß, unterzeichnete Dalcroze ein Manifest, in dem die Deutschen als Barbaren verurteilt wurden. Plötzlich häufte sich die Kritik an ihm. Man warf ihm vor, daß er Takt und Rhythmus verwechsle und das rhythmische Gefühl in Wirklichkeit nicht stärken, sondern zerstören würde. Der Vorwurf einer »intellektuellen Gefahr«, die in seiner Methode bestehe, war für das damalige und spätere Deutschland charakteristisch. Von einem Besuch in Genf kam Dalcroze nicht mehr nach Hellerau zurück.

Plötzlich gehörte sein Name zu denen, die man nicht erwähnen durfte. Als Jude, der er nicht war, verunglimpft, wurde er zunehmend zu einer historischen Gestalt, deren Streben nach dem »guten Rhythmus« schon in den dreißiger Jahren einen verstaubten Anstrich hatte. Dennoch hat das Ziel seiner Erziehung – durch das Erleben der Musik die Persönlichkeit zu vertiefen und so auf die Lösung und Steigerung seelischer Kräfte einzuwirken – einen bis heute spürbaren Nachhall. Die Auffassung, daß ein Körpergefühl ebenso vorhanden sei wie ein Musikempfinden und daß eine körperlich-musikalische Weiterentwicklung des Menschen eine Befreiung bewirken könne, wurde von anderen aufgegriffen und in verschiedenen Bereichen weiterentwickelt. Die Bedeutung der Rhythmik für die Schauspielkunst, den Tanz, die Schul- und Heilpädagogik sowie für die Körpertherapie wurde erst sehr viel später erkennbar.

Die Mensendieck-Gymnastik wurde aber nicht nur von Dalcroze erweitert. *Rudolf Bode* (1881–1970) zum Beispiel veränderte sie zu einer ausdrucksbetonteren Gymnastik. Er kritisierte Mensendiecks mechanistischen Standpunkt, daß Körperarbeit sich hauptsächlich mit der Bewegungsmechanik zu befassen habe. Bodes gymnastisches »Prinzip der Totalität« meinte die Geschlossenheit des »Triebgefühls«, die Einheit des Bewegungsablaufs und die Einheit des durch Bewegung hergestellten muskulären Gesamtbildes. Dabei ging es ihm nicht um den Ausdruck bestimmter Gefühle, sondern darum, eine körperlich-geistige Verfassung zu erzeugen, die eine freie Entfaltung des »Bewegungslebens« ermöglichen sollte.

Als *Hinrich Medau* (1890–1974) Handgeräte in diese Arbeit hineinbrachte, war die Grundlage für das geschaffen, was später als »Deutsche Gymnastik« Bekanntheit erlangte. Diese Gymnastik fand ihren Platz zwischen dem Leistungssport und dem Ballett.

Hedwig Kallmeyer,[6] ebenfalls eine Schülerin von Genvieve Stebbins, war mehr an der ästhetischen Seite der Bewegung interessiert. Die von ihr entwickelte Lehrmethode der »Harmonischen Gymnastik« beruhte im wesentlichen auf der Nachahmung griechischer Statuen und den abgeleiteten, angenommenen Bewegungen. Diese Bewegungen in Kombination mit der richtigen Atmung sollten zu einer körperlichen Bewußtwerdung führen.

Der Atem war das Hauptthema von *Leo Kofler* (1837–1908) gewesen. Dieser in Südtirol geborene Sohn eines Kantors hatte eine besondere Stimme und wünschte sich nichts mehr, als ein berühmter Sänger zu werden. Obwohl er in seiner Verzweiflung zahllose Fachleute konsultierte, konnte ihm keiner seine chronische Heiserkeit kurieren. Schließlich wanderte er nach Amerika aus, wo er trotz seines Leidens ein gesuchter Gesangslehrer wurde. Als ihm seine Stimme wieder einmal versagte, stellten die Ärzte eine beginnende Kehlkopftuberkulose fest. Durch die eingehende Beschäftigung mit der Anatomie des Kehlkopfes und der Physiologie von Stimme und Atmung entdeckt er die »natürliche Atmung«. In kürzester Zeit war er genesen und veröffentlichte einige Jahre später ein kleines Büchlein, in dem er »Die Kunst des Atmens« beschreibt.

Eine Klavierlehrerin, *Clara Schlaffhorst* (1863–1945), und eine Gesangslehrerin, *Hedwig Andersen* (1866 – 1957), die beide an chronischer Heiserkeit litten, entdeckten das Büchlein und kurierten mit Hilfe der darin enthaltenen Anleitungen ihre Beschwerden. Wie sie in ihrem Vorwort dazu schreiben, haben sie es 1897 »aus Dankbarkeit und um es einem möglichst großen Personenkreis zugute kommen zu lassen« ins Deutsche übersetzt. In der

»Schule Rothenburg« entwickelten sie eine weitergehende Methode der Stimm- und Atemschulung, nach der bis heute gearbeitet wird.[7]

Die Bedeutung des Spürens erkannte als erste *Elsa Gindler* (1885–1961). Mit ihrer Arbeit stellt sie die Verbindung her zwischen der Suche nach der richtigen Bewegung und dem natürlichen Atem. Elsa Gindler, die bei Hedwig Kallmeyer »Harmonische Gymnastik« gelernt hatte, war auf der Suche nach einer Möglichkeit, ihre Lungenerkrankung zu kurieren. Als Gymnastiklehrerin und Tochter aus einer armen Handwerkerfamilie hatte sie nicht das Geld, dem ärztlichen Rat zu folgen und in die reizgünstigere Luft der Berge zu fahren. Durch Erfahrungen an der Schlaffhorst-Andersen-Schule weiter angeregt, begann sie einen Weg zu suchen, die erkrankte Lungenseite zu schonen und zugleich die gesunde zu aktivieren. In ihrem kleinen Berliner Zimmer erkannte sie die Zwecklosigkeit mechanischen Übens und begann, ihr Augenmerk auf das Spüren und Erleben des Erfahrbaren zu richten. Sie beschäftigte sich nicht mehr mit den einzelnen Körperteilen, ihr Ziel wurde das »Wachwerden des ganzen Menschen«. Sie ging davon aus, daß der Mensch mit der Zeit eine Art zweiter Natur erwirbt, die seine eigentliche Natur überdeckt. Alles, was der Mensch tue, werde ihm angemessener, weniger selbstschädigend, wenn er Bewegungen unbeeinflußt entstehen lasse. Einer ihrer Kernsätze war dementsprechend auch: »Nicht verhindern!« Bis dahin war nachgemacht, nachgedacht und kombiniert worden. Elsa Gindler gelingt der epochale Sprung in das Wahrnehmen des ganzen Menschen. Diese in ihrer Arbeit bis heute nicht angemessen gewürdigte Naturforscherin entwickelte keine Übungen und genaugenommen auch keine Methode. In ihren Stunden wurden »Versuche« gemacht, die der Frage nachgingen: Wo lan-

Hedwig Andersen

Clara Schlaffhorst

Elsa Gindler

den wir, wenn wir alles einfach nur ungestört geschehen lassen?

Sie legte großen Wert darauf, sich die Freiheit einer Weiterentwicklung oder einer Änderung vorzubehalten. Deshalb zögerte sie auch, ihre Arbeit selbst zu formulieren. Stattdessen hat sie viel Material gesammelt, das diese Arbeit dokumentierte. Noch vor der Zeit der Hobbyfotografie ließ sie ihre Schüler sowohl am Anfang als auch im Verlauf der Zusammenarbeit nackt fotografieren; die Aufnahmen sollten mögliche Veränderungen für beide Seiten erkennbar machen. Wie das schriftliche Material, das sie im Laufe der Jahrzehnte gesammelt hatte, verbrannten auch die Fotos kurz vor Ende des Zweiten Weltkriegs in ihrer Berliner Wohnung.

Ihre Arbeit wurde von ihren Schülerinnen an wiederum andere weitergegeben: ein Dilemma, in dem schon die Fortführung der Dalcroze-Methode gesteckt hatte. Je weniger eine Methode so festgeschrieben war, daß sie lehrerunabhängig reproduziert werden konnte, und je mehr ihr Prinzip auch der spontanen Kreativität der Vermittelnden bedurfte, desto seltener fand sich eine Persönlichkeit vom Format der Erfinderin. Die Achillesferse war oftmals, vor allem später, daß die Arbeit trivialisiert, nicht in ihrer ganzen Vielschichtigkeit weitergegeben wurde.

Elsa Gindlers Gedanken, ihre Art zu fragen und ihre Vorgehensweise wurden trotzdem grundlegend für eine ganze Reihe verschiedenster Ansätze, die heute als »Körpertherapie« bezeichnet werden.

Die unterschiedlichen Ansätze, über Tanz und Bewegung, Atem und zugelassenes Erleben ein körperlich-seelisches Wachstum zu fördern, führten kurzfristig zu einem gesundheitspolitischen Wandel. Mitte der zwanziger Jahre tauchte die Idee der »primären Gesundheitspflege« als einer öffentlichen Aufgabe auf. Wenig später geriet dieses Konzept aber wieder in Vergessenheit.

Heute wird immer wieder behauptet, daß die Hinwendung zum Körper eine Abwendung von den wahren politischen Problemen sei. Die Rolle, die Körperlichkeit im Dritten Reich gespielt hat, beweist auf unangenehme Weise das Gegenteil. Die Geschichte zeigt, daß es nicht darum geht, ob man sich dem Körper zuwendet, sondern wie man das tut.

Die deutsche Körperkultur, deren Begründer vor allem die »Ausländer« Isadora Duncan, Emile Jacques-Dalcroze und Bess Mensendieck waren, ist von der Jugendbewegung der Jahrhundertwende nicht zu trennen. Die Folgen der raschen Industrialisierung, die gesundheitlichen Mißstände, die Entfremdungsvorgänge in technisierten Arbeitsbedingungen und der wachsende bürgerliche Konsumdruck in den Großstädten ließen eine lebensreformerische Bewegung schnell Fuß fassen. Der Ruf nach Licht, Luft, Sonne, Natur und Bewegung wurde aber an ideologische Inhalte gekoppelt. Die Reformkleidung, die jugendbewegte Frauen vom Korsett erlöste, war auch eine Absage an die »Dirnenhaftigkeit« des betonten Busens. Außerdem hieß es, daß das Korsett ungesund sei und die Mutterschaft, angeblich wichtigstes Element der Weiblichkeit, behindere. Aufrufe an Wandervogelmädchen waren Aufrufe an »Deutsche Frauen und Mädchen«, die deutsch und also stolz, rein, edel und frei sein sollten.

Nach einer Zeit, in der die Betonung auf »Volk«, »Volkskultur«, »Sittlichkeit« und »Gesundheit« lag, verlagerte sich der Schwerpunkt auf eine Ästhetisierung vor allem des weiblichen Körpers. Nacktkultur, Wandern, Gymnastik, Tanz, Sport, Reformkleidung und Reformkost sollten einen neuen Menschen zimmern. Vor allem die Nudisten führten von Anfang an rassenhygienische

Argumente ins Feld, um die Notwendigkeit ihrer Ideen zu bekräftigen. Die Möglichkeit, sich hüllenlos zu mustern, sei erforderlich, damit die Besten und Schönsten sich finden zur planmäßigen Züchtung schöner, rassereiner, gesunder Menschen; der braungebrannte Edelmensch wurde gegen den angeblich entarteten, anämischen Weichling, gegen die geistesgestörte Intelligenzbestie gestellt. Obwohl es vor allem nach dem Ersten Weltkrieg durchaus auch Gegenstimmen gab und zahlreiche Wandervögel sich anders verstanden, glitt ein großer Teil der Jugendbewegung mehr oder weniger nahtlos in die Reihen der Hitlerjugend hinein.

Die meisten Rhythmik- und Gymnastikschulen hatten nur wenig Berührungspunkte mit den Ideen der Jugend- und Wandervogelbewegung, ein Teil aber kam den Vorstellungen der Nationalsozialisten sehr wohl entgegen. Dorothee Günther, die zusammen mit Carl Orff 1924 die Günther-Schule in München gegründet hatte, choreographierte nicht nur die Massenaufzüge bei den Olympischen Spielen in Berlin 1936; viele andere Gymnastikschulen, die bis 1933 vor sich hingekümmert waren, wurden großzügig für nationalsozialistische Ziele ausgebaut. Im Verlauf des Zweiten Weltkriegs wurde dann aus Gymnastik zunehmend Krankengymnastik, körperbewegte Frauen wurden in wenigen Monaten zu Pflegerinnen für zerschossene Soldaten ausgebildet.

Das Jahr 1945 war für die Körperkultur ein Bruch in der Tradition. Bis in die zwanziger und dreißiger Jahre hinein ist die Entwicklung davon bestimmt gewesen, daß Methoden vom Lehrer auf den Schüler übergingen und erweitert fortgetragen wurden; nach dem Zweiten Weltkrieg wurden wie aus dem Nichts Fäden aufgegriffen, die in der Luft zu liegen schienen. Wenn es den einzelnen auch nicht bewußt sein mochte: Erfahrungen, Einsichten und Entwicklungen, die zu Beginn dieses Jahrhunderts mühsam Schritt für Schritt erworben worden waren, kommen ihnen jetzt zugute.

Eine Ausnahme ist *Gerda Alexander* (geb. 1908). In direkter Nachfolge von Jacques-Dalcroze, über dessen Schüler Otto Blensdorf vermittelt, erweiterte sie die rhythmische Dalcroze-Gymnastik zur »Eutonie«.

Am Anfang vieler Wege, an deren Ende entscheidende Beiträge für die Selbstheilung des Menschen standen, lagen konkrete körperliche oder seelische Leiden. Elsa Gindler hatte eine Lungenerkrankung, Clara Schlaffhorst und Hedwig Andersen litten an chronischer Heiserkeit, Trudi Schoop hatte in ihrer Kindheit unter schlimmsten Angstzuständen gelitten, und auch Gerda Boyesen war, als sie zu thematisieren lernte, mit ihrer psychischen Entwicklung nicht so recht zufrieden.

Gerda Alexander, die wir bei ihrem Bruder in Wuppertal besuchten, hatte von Jugend an unter verschiedenen Gelenkerkrankungen gelitten. Die von ihr entwickelte Eutonie, die für zahllose Menschen eine große Hilfe bedeutet hat, konnte ihr selber ein Leben lang vieles erleichtern. Als eine Zeitlang eine Reihe von persönlichen Umständen zusammenkamen, die für sie große Enttäuschungen waren, brach ihre Abwehr zusammen. Nach jahrelang fehldiagnostizierten Beschwerden war sie, als wir sie besuchten, gerade dabei, sich von einer beidseitigen Hüftoperation zu erholen. Aufrecht, wenn auch vor Anstrengung am Haaransatz schwitzend, begrüßte uns die große alte Dame.

Ebenfalls durch Krankheit angeregt, wenn auch durch die Krankheit eines ihrer Kinder, entstand die Arbeit von *Marianne Fuchs* (geb. 1908). Sie sucht in einem dialogischen Vorgehen mit der von ihr entwickelten Methode der

»Funktionellen Entspannung« den Einschlupf in das vegetative Unbewußte. Während ihr Mann in seiner Gelehrtenklause über uns einem Briefwechsel verblichener Monarchen nachforscht, sitzen wir in der prallen Sonne auf der Veranda. Ein kleines Elektromotörchen pumpt im Garten Wasser über Kieselsteine; besonders stolz ist Marianne Fuchs auf die Fuchsien im Garten. Wie ihr Mann zum Tee herunterkommt, bittet sie uns lächelnd, das Thema zu wechseln. Wie auch immer: sie spielen sich als gutes Eheteam die Bälle gegenseitig zu. Hier erscheint die Körper-Avantgarde im besten Sinne bürgerlich und über die Maßen zufrieden damit. Mir hat sich doch immer wieder die Frage gestellt, wie sich die unkonventionellen, inneren Werte der Frauen gegen die gesellschaftlichen Konventionen durchgesetzt haben. Was heute fast schon Geschmackssache ist, war für viele Frauen vor inzwischen einem halben Jahrhundert Grund genug, Deutschland zu verlassen. Wie stand es um die Daheimgebliebenen in dieser dann so andersartig körpereuphorischen Zeit? Mit Sicherheit ein schwieriges Kapitel, über das zu reden es wohl mehr Zeit und Vertrauen gebraucht hätte als einige Sonnennachmittage lang.

Die »Befreiung« des Tanzes, die Versuche, sich selbst im Tanz zum Ausdruck zu bringen, führten Ende der vierziger Jahre zur Begründung der Tanztherapie. Gleichzeitig und ohne voneinander zu wissen, begannen *Marian Chase* an der Ostküste und *Trudi Schoop* (geb. 1903) an der Westküste der Vereinigten Staaten mit psychotischen Patienten zu tanzen. Wenig später erkannte *Liljan Espenak*, daß durch Bewegung Erinnerungsmaterial ins Bewußtsein gespült werden kann, das weiterbearbeitet werden muß. Sie begann das therapeutisch wirksame Tanzen mit Methoden der verbalen Psychotherapie zu verknüpfen.

Als wir nach langer Fahrt über den Autobahnwirrwarr von Los Angeles an der Gartenpforte von Hedi und Trudi Schoop klingelten, kam uns erst mal ein Hund entgegen. Danach kam noch ein Hund, und dann erst kam Trudi Schoop: eine kleine, weißhaarige Dame, deren Gesicht sich in kein formal-höfliches Lächeln faltete, sondern ernst blieb. Wir gingen durch den Garten, am ehemaligen Wohnhaus von Curt Goetz vorbei, und traten schließlich zwischen großen Bäumen in sein ehemaliges Arbeitshäuschen ein. Vor dem Häuschen war ein Eichhörnchenstall, dessen Bewohner sich am Tag frei bewegen konnte, abends aber unter seine zerfetzte Spieldecke im Käfig zurückkehrte. Sowohl das Eichhörnchen als auch die Hunde und Katzen, die während unseres Gesprächs kamen und gingen, waren Trudi Schoop in verwahrlostem und krankem Zustand zugelaufen, und alle wurden liebevoll »Pumpuschli« genannt. »Weil ich ihre Namen so leicht vergesse«, sagte Trudi Schoop.

Liljan Espenak empfing uns in ihrem New Yorker Appartement zwischen einem übervollen Schreibtisch und zahllosen Mitbringseln von abenteuerlichen Reisen; alte Stickereien schienen einen besonderen Platz einzunehmen. Schon in New York fragten wir sie natürlich auch nach ihrem Geburtsjahr, wiederholten die sang- und klanglos übergangene Frage aus Höflichkeit aber nicht; ein Dreivierteljahr später, beim Abendessen in Hamburg, drängte der Manuskriptabgabetermin, und so mußte die Frage wieder auf den Tisch. »Wissen Sie, ich hab's vergessen.« Da Liljan Espenak sonst keine Anzeichen von Gedächtnisschwund erkennen ließ, mußten wir über den Trick lachen. »Wenn die Leute erfahren, wie alt ich bin, behandeln sie mich wie einen alten Menschen. Das gefällt mir nicht. In unserer Welt ist das Alter eine Drohung. Ich lasse mir aber nicht gerne drohen. Also habe ich seit meinem fünfundsechzigsten Lebensjahr einfach vergessen, wie alt ich bin.«

Im Nachkriegs-Berlin arbeitete *Ilse Middendorf* (geb. 1910) am Atem und entwickelte immer differenziertere Methoden, den Atem kommen, gehen und von selber wiederkommen zu lassen. In den sechziger Jahren hatten sich ihre Methoden so weit konsolidiert, daß sie ein Institut für den »Erfahrbaren Atem« gründete; am ruhigen Viktoria-Luise-Platz, in majestätischen Räumen voller Stuck, Licht und Luft regiert sie ihr Institut. Wir gingen die Treppe zu ihrer Wohnung über dem Institut hinauf: in Räumen, in denen die letzte Kaiserwitwe ihre alten Tage vertrauert hatte, beeindruckte uns Ilse Middendorf mit Schilderungen ihrer Arbeit. So gern und präzise, wie sie ihre Arbeit beschrieb, so ungern aber ließ sie sich auf die Verwobenheit von Leben, Lehrmeistern und Arbeit ansprechen. Dementsprechend mußten noch zahlreiche Nacharbeiten von beiden Seiten geleistet werden.

In den sechziger Jahren fand nicht nur die Atemtherapie zunehmende Popularität in der Bundesrepublik; auch Musik wurde in der heilpädagogischen Arbeit mit geistig Behinderten hier und da erfolgreich eingesetzt. Verschiedene passive Formen der Musiktherapie waren schon zu Beginn des Jahrhunderts erprobt worden. So wurde zum Beispiel mit Lautsprechern experimentiert, die unter dem Kopf eines liegenden Patienten angebracht waren. Durch »Beschallung« mit entsprechender Musik hoffte man, eine der Musik analoge Harmonie im Menschen herzustellen. Günstige, reproduzierbare Wirkungen blieben aber meistens aus.

Eine Änderung zeichnete sich ab, als die Geigerin *Lilli Friedemann* (geb. 1906) in den sechziger Jahren an die Musikhochschule nach Hamburg kam und ihre Methoden der Gruppenimprovisation bekannter wurden. Mitte der siebziger Jahre konnte die aktive Musiktherapie zu einem eigenständigen Berufsbild konzipiert werden.

Als wir in den Aufzug des einzigen Hochhauses in der Umgebung von Mölln einstiegen und auf den Knopf mit der Sieben drückten, lächelte der Junge, der zusammen mit uns eingestiegen war, und sagte: »Ich heiße Josef.« Oben waren wir von dem Blick auf die idyllische Landschaft beeindruckt. Lilli Friedemann erzählte uns, daß ihr Mölln schon vor Jahrzehnten, während einer Reise von Berlin ans Meer, aufgefallen war. Die vielen Seen in der Umgebung hatten ihr so gut gefallen, daß sie sich den Namen der Bahnstation merkte. Nach ihrer Pensionierung hat sie sich hier in diesem Schwalbennest über der Landschaft, nahe bei einem Wald niedergelassen. Wenn sie nicht ihre halb so alten Partner hätte, die von weither kommen, um immer wieder mit ihr zu üben, mit denen sie auch Konzerte gibt, würden ihr die Anregungen der Großstadt schon manchmal fehlen, sagte sie.

Während sie sprach, lag ein seltsamer Ton in der Luft. Ursache dieser Schwingungen war das zentnerschwere Saitengerüst eines Klaviers, das bedeckt von einem Tuch an der Wand lehnte und in jeder Stimmlage leise mitvibrierte. Davor stand auf drei Beinen eine kleine, dunkelgrüne Tafel. Mit Kinderhand war ein Schiff darauf gemalt, darüber stand in großen rundeckigen Buchstaben: »Josef und Lilli«.

Nicht nur die neue Musiktherapie bezog den anderen, den Mitmenschen in ihrem therapeutischen Vorgehen mit ein. Auch in der Arbeit von *Laura Sheleen* (geb. 1925) gewann die Bedeutung der anderen im eigenen Leben immer mehr an Gewicht. Ursprünglich Tänzerin, arbeitete sie in Paris mit Schauspielern an der Strukturierung des Raumes und seiner Bedeutung im eigenen lebensgeschichtlichen Zusammenhang. Dabei entdeckte sie die heilsame Wirkung improvisierter Darstellungen. Zufällig beobachtete sie, daß die Arbeit mit Masken, besonders die mit selbstgefertigten Masken, die Wirkung dieser Arbeit steigern konnte. Sie entwickelte die Methode der »Expression Corporelle«, die sie später zur »Impression Corporelle« modifizierte.

Die Gespräche mit Laura Sheleen verliefen geradezu ideal. Sie war immer wieder in der Lage, sofort auf Zwischen- oder Nachfragen einzugehen und ohne Umschweife genau auf die neue Frage zu antworten. Obwohl sie aber ganz offen zu sein schien, fällt es mir schwer, einen persönlichen Eindruck von ihr zu vermitteln. Bei aller Offenheit scheint sie mir am deutlichsten eine Privatsphäre für sich behalten zu haben.

Wie steht es überhaupt mit dem Anspruch auf eine persönliche Beziehung zu einer »Körperlehrerin«? Einerseits ist gerade die persönliche Beziehung ein Hauptmotiv für viele Schüler, andererseits ist klar, daß es sich dabei von vornherein um eine einseitige Beziehung handelt: dreißig oder dreihundert oder dreitausend Schüler und eine Lehrerin. Ist persönliche Reserviertheit angesichts eines solchen Mißverhältnisses eine Schwäche oder die Stärke, dem Mißbrauch als Identifikations- oder Leitfigur ohne persönlichen Rückhalt vorzubeugen? »Natürlich gibt es Momente, in denen ich meine Schüler leidenschaftlich liebe. Für mich ist es ein ganz wunderschönes Gefühl, zu sehen, wo sie sind, wie sie sich bewegen, wie sie sich entwickeln und verändern.« Für Laura Sheleen schien das kein Widerspruch zu sein.

Im Gegensatz zu den bisher angedeuteten, aktiven Methoden entwickelte *Gerda Boyesen* (geb. 1922), ebenfalls in den sechziger Jahren, ein therapeutisches Vorgehen, bei dem der Klient überwiegend passiv ist. Sie beobachtete, daß Neurosen sich ohne verbale Psychotherapie und allein durch eine bestimmte Massagetechnik auflösen ließen. Damit legte sie den Grundstein für ihre »Biodynamische Psychologie und Psychotherapie«.

Während der Vorbereitungen für dieses Buch hatte ich auch Videos von Gerda Boyesen gesehen. Sie schien wie geboren fürs Showgeschäft zu sein und nichts so sehr zu genießen, wie sich als Publikumsliebling im Mittelpunkt der Aufmerksamkeit zu sehen.

Bei unserer ersten Begegnung erstaunte mich dann die Andersartigkeit des Originals. Jetzt erschien mir Gerda Boyesen wie ein Ringkämpfer nach einem schwer erkämpften Sieg: frischgebadet, aber unübersehbar müde und ungeheuer mütterlich hieß sie uns nach einem langen Workshoptag willkommen.

Alle hier beschriebenen Methoden gehen davon aus, daß der Körper der Endpunkt innerer Störungen und der Anfang ihrer Lösung sein kann. Kennzeichnend für die Heilungsversuche ist, daß sie nicht Krankheiten bekämpfen, sondern gesunde Kräfte im Menschen voraussetzen und diese zu stärken versuchen. Der Prozeß der Genesung findet in einem Spannungsfeld zwischen »Verstehen« und verändertem »Sein« statt. Über Veränderungen im Körper werden Erinnerungen und Assoziationen wieder wach. Sie können verbal oder non-verbal artikuliert, neue Erfahrungen können gemacht, neue Sichtweisen erkannt und möglicherweise gleichberechtigte Beziehungen wieder eingegangen werden.

Neben und aus den vorgestellten Methoden hat sich inzwischen ein Potpourri mehr oder weniger bekannter Mischungen entwickelt; alle werden unter dem Begriff »Körpertherapie« subsummiert.

Ist diese körpertherapeutische Vielfalt nun der Ausdruck eines allgemeinen Umdenkens zum Thema Körper und

Gesundheit? Körperbewußtsein ist gerade jetzt wieder im Kommen: Cremes, Düfte, Deodorants, Schlankheitsmenüs und Fitneßclubs bieten Hilfen für die Verbesserung des Körpers, als handele es sich um ein Chassis. Welche Rolle spielt dabei eine Arbeit, die über den Körper zur Seele und über den so veränderten Menschen wieder zurück in die Welt führt? Ein gesundheitspolitischer Wert wird zumindest einigen dieser Methoden auch offiziell eingeräumt und ist bei den Krankenkassen abrechnungsfähig.

Während der assoziative Hof der traditionellen Psychotherapie – »lange/teuer/nachdenken/anstrengend« – auf viele abschreckend wirkt, verspricht Körpertherapie eine Heilung, die mit weniger Arbeit und Mühe erreicht werden kann. Gerade anhand neuer Konzepte läßt sich eine Verwischung der Grenzen zwischen der traditionellen, verbalen Psychotherapie und körperorientierten Ansätzen beobachten. Auch hier ist es inzwischen möglich, in geschütztem Rahmen zu regredieren, Beziehungsmodelle auszuprobieren und sich einem Prozeß des unbewußten Verstehens mit offenem Ausgang hinzugeben.

Trotz aller Mischformen und Kompromißversuche bleiben die Indikationsbereiche der einzelnen Ansätze unterschiedlich. Nur der Begriff »Therapeut« – ursprünglich einfach »Diener« oder »Pfleger« – hat im Verlauf der schulmedizinischen Entwicklung an einer Seriosität gewonnen, von der heute jeder profitiert, der seine Arbeit als »Therapie« bezeichnet. Die Frage nach der eigenen Motivation und die Kontrolle über die tatsächlichen therapeutischen Befähigungen bleiben außerhalb von Institutionen überwiegend dem eigenen Gewissen überlassen. Selbst im Namen großer Vorbilder wird zuweilen mit naivem Unverstand und fragwürdigen Motivationen an hochbrisanten menschlichen Konflikten gefährliche Kurpfuscherei betrieben.

Aufgrund dieser Erfahrung haben einige der Pionierinnen der Körpertherapie ihre Methode institutionalisiert und rechtlich schützen lassen. Andere sind dabei geblieben, daß die Festlegung ihrer Arbeit über kurz oder lang zu Versteinerungen führen muß.

Alle diese Pionierinnen haben als Ziel ihrer Arbeit die qualitative Veränderung der Wahrnehmung und der eigenen, lebendigen Präsenz. Was nun haben die »Töchter« und mittlerweile die Töchter und Söhne der Töchter aus dem Erbe der »Mütter« gemacht?

Während wir uns auf technischem Gebiet von einem Wissenschaftsverständnis distanzieren, nach dem alles, was möglich, machbar und erfahrbar ist, einen Wert in sich darstellt, muß sich die Körperarbeit von dem Sog dieser Tradition erst lösen. Von der herkömmlichen Medizin enttäuscht und angesichts der unübersehbaren Nebenwirkungen verunsichert, bietet sich die Körperarbeit als ein möglicher Weg zur Gesundung an. Fasziniert von der wiederentdeckten eigenen Leiblichkeit und den deutlich spürbaren Effekten einzelner Techniken erscheint vielen die Erfahrung, »daß etwas überhaupt passiert«, wie ein Wert an sich. Die Frage nach dem Sinn ist auch hier zunächst systemfremd. Dementsprechend wird, teilweise mit viel Ehrgeiz, mit dem Feuer der schnellen Erfahrung gespielt. Da wird gern mal in die Trickkiste gegriffen, um tiefsitzende Bereiche der Psyche zu »knacken«. Zunehmend zeigt sich jedoch, daß diese Erfahrungen oberflächlich und für das tatsächliche Leben letztlich ohne Folgen bleiben. Nach der ersten Aufbruchseuphorie muß ein respektvoller Umgang mit sich selbst auch in diesem neuerkundeten Bereich gelernt werden. Der Reiz des existentiellen Feuerwerkes kann auf Dauer die Frage nicht ersetzen: »Wo will ich hin?«

Die Zahl der Angebote im Bereich der Körpertherapie

ist inzwischen fast unübersehbar und wirft eine Fülle von Fragen auf. Auf der Suche nach einer Antwort entschied ich mich, *Kaye Hoffman* (geb. 1949) zu befragen. Im Verlauf der letzten acht Jahre hat sie die »Szene« sowohl aktiv als auch passiv kennengelernt. Sie hat Trancetanz als energetische Erfahrung nicht nur in Workshops angeboten, sondern sich auch theoretisch damit auseinandergesetzt. Pionierin ist sie insofern nicht, als sie weder die therapeutische Wirksamkeit dieser energetischen Erfahrung als erste entdeckt noch die Methoden des Trancetanzes entwickelt hat. Ihre Besonderheit liegt darin, daß sie die Kunst, den Boden unter den Füßen zu verlieren, aus anderen Kulturen für uns übersetzt.

Als es darum ging, Kaye Hoffman zu fotografieren, leuchtete ihr Gesicht auf. »Ich liebe es, fotografiert zu werden«, sagte sie und verschwand in ihrem Schlafzimmer. Immer wieder erschien sie in einem anderen Kleid und entschied sich schließlich für ein schwarzes, weitschwingendes Kleid mit großen weißen Herzen; dann am Schreibtisch nahm sie mit viel Vergnügen jede fotogerechte Stellung ein. Als wir später aber in den Garten gingen, um sie beim Tanz abzulichten, fiel ihr das sichtlich schwer. Nein, eigentlich hasse sie es, sich zu bewegen.

Wie in den vorangegangenen Gesprächen pendelte ich zwischen zwei Polen: mal war ich beeindruckt von ihrer Eloquenz und ihrer Fähigkeit, mit vorhandenen Informationen zu jonglieren, mal fragte ich mich voller Unbehagen nach ihrer eigentlichen Motivation und tatsächlichen Qualifikation. Als ich sie darauf ansprach, freute sie sich: »Ich liebe den doppelten Boden!«

Waren die Frauen, die heute als Pionierinnen gefeiert werden, zu ihrer Zeit weniger vieldeutig? Was haben die Umstehenden gedacht, als Trudi Schoop mit achtzehn Jahren und so gut wie ohne Ausbildung ihre eigene

Tanzschule eröffnete? Was mag den Leuten durch den Kopf gegangen sein, als Gerda Alexander davon sprach, daß man sein Skelett von innen erspüren sollte? Haben aufgeklärte Mitbürger Ilse Middendorf für eine Spinnerin gehalten, als sie die Auffassung vertrat, daß der Atem nicht nur in die Lunge, sondern bis in den kleinen Zeh hineinfließt? Aadel Bülow-Hansen, die von Gerda Boyesen so geschätzte Lehrmeisterin, mag bis heute die Arbeit ihrer ehemaligen Schülerin so wenig, daß sie sich weigerte, mit einem Foto in einem Text über Gerda Boyesen zu erscheinen. Diskreditiert auch nur eine dieser Bedenken die einzelnen Arbeiten? Der zum Teil fast massenhafte Erfolg spricht zunächst dagegen.

Die Arbeit an diesem Buch begann aus einem Staunen heraus, einem Ärger und einer Faszination. Bei der Auseinandersetzung mit den Hintergründen der heutigen Körpertherapieszene stolperte ich über die Tatsache, daß hier ein kulturgeschichtlich bedeutsamer Bereich ist, der offensichtlich ganz wesentlich von Frauen gestaltet wurde. Während aber ähnliche gesellschaftliche Bereiche, die von Männern dominiert werden, bis in letzte Feinheiten dokumentiert sind, finden sich die meisten Pionierinnen der Körpertherapie weder in den großen Konversationslexika noch in den Nachschlagewerken der Fachliteratur. Immer noch ist die Vorstellung im Umlauf, daß Frauen zwar viele spezielle Begabungen haben mögen, aber nicht kreativ sein können. Die Geschichte weiblicher Kreativität ist bis heute nicht geschrieben worden.

Mich beschäftigte deshalb vor allem die Frage, was die Bedingungen gewesen waren, unter denen weibliche Kreativität hatte entstehen und sich entfalten können. Wie kamen diese Frauen auf die Idee, die später zur Grundlage ihrer Arbeit wurde, und wieso haben sie ihre Ideen so ernst genommen? Normalerweise ist es doch eine männliche Domäne, an Systemen so lange herumzuexperimentieren, bis vorzeigbare Ergebnisse zutage gefördert sind. Hatten die Frauen keinen rollenbedingten Gewissenskonflikt? Wie funktionierte ihr kreatives Arbeiten? Haben sie mit Freundinnen geredet, Versuchsserien durchgeführt, haben sie meditiert oder haben sie sich theoretisch belesen? Gab es einen Zusammenhang zwischen ihrer Arbeit und zeitgenössischem Geschehen? Waren sie sich dessen bewußt, daß ihrer Arbeit ein anderes Menschenbild zugrunde lag und dieses gleichzeitig ans Tageslicht förderte? Wie sind die Frauen praktisch mit ihren Ideen umgegangen? Mir fiel auf, daß Männer ihre Arbeit nach sich selbst benennen. Die Frauen hingegen schienen um einen sachlichen, die Arbeit möglichst präzise beschreibenden Namen bemüht gewesen zu sein. Wie erklären sich die Frauen diesen Umstand selber? Welchen Schwierigkeiten begegneten die einzelnen Frauen? Woran sind sie gewachsen, und in welcher Weise waren Leben und Arbeit miteinander verwoben?

Alle Frauen haben mindestens ein Buch über ihre Arbeit verfaßt. Über sich selbst aber im Kontext ihrer Arbeit zu sprechen, fiel einigen nicht leicht. Um den von mir gewünschten Dokumentationscharakter zu gewährleisten, wurden alle Gespräche auf Band aufgenommen. Dabei wurde mir bald klar, daß es nicht möglich sein würde, nur beim aufgenommenen Wort zu bleiben. Damit die Gespräche für den Leser verständlich und lesbar wurden, mußten zahlreiche ergänzende Informationen herangezogen werden. Schließlich sind auch Erfahrungen, die ich in Workshops machen konnte, in das jeweilige Porträt eingeflossen. Nachdem die Texte fertig waren, habe ich sie den Frauen zugeschickt, um ihnen die Möglichkeit zu geben, richtigzustellen oder zu verändern. Trotz allem: wie der

Finger, der auf den Mond zeigt, nicht der Mond selbst sein kann, so wenig können diese Momentaufnahmen eine ganze Person in ihrer Vielschichtigkeit spiegeln.

In fast jedem Stadium der Arbeit ist mir Daniel Grolle eine große Hilfe gewesen. Er hat mich nicht nur von den Tonaufnahmen entlastet. Seine feinfühlige, kluge und nüchterne Teilnahme an den einzelnen Gesprächen trug wesentlich zur Lebendigkeit der Begegnungen bei. Zahlreiche seiner Anregungen sind in die Gestaltung der einzelnen Portraits eingeflossen.

Mein Dank gilt auch Irmingard Schäfer, von der die Anregung für das Titelbild wie auch die Anregung für den Titel dieses Buches stammen.

Als Hommage an die Arbeit der portraitierten Frauen und an die Lebendigkeit des Augenblicks, die ihnen allen am Herzen liegt, habe ich Tag und Ort des ausführlichsten Gesprächs angegeben.

Hamburg, Oktober 1988 Hadassa K. Moscovici

Eutonie
Gerda Alexander

> »Das ist ungefähr das Schlechteste, was man machen kann: Macht über einen anderen Menschen gewinnen zu wollen. Man kann jemandem helfen, seinen Weg zu entdecken, man kann ihm verschiedene Übungen empfehlen, die ihm dabei helfen könnten. Aber es ist nicht der richtige Weg, zu sagen, das muß so und so sein. Dann imitiert der Mensch das nur und hat gar kein wirkliches Erlebnis.« Wuppertal, 9.4.1988

Die Eutonie, die heute die rechtlich geschützte Bezeichnung »Eutonie Gerda Alexander« trägt, strebt den ausgewogenen Spannungszustand, den »Eutonus« des Übenden, an. Je nach Situation und Persönlichkeit wird an der momentgerechten Balance von Spannung und Entspannung gearbeitet. Durch konkrete Fragen, die eine verbesserte Selbstwahrnehmung ermöglichen, wird unter Vermeidung jeglicher Form von Suggestion oder Autosuggestion auf ein Durchdringen des Körpers mit Bewußtsein hingearbeitet. Analog zur Beobachtung, daß Bewußtseinskräfte in Form negativer Einbildungen Krankheiten bewirken, sollen diese Bewußtseinskräfte, positiv gestärkt, zu einer Selbstheilung führen.

Neben Bewußtseins- und Konzentrations-, Haltungs-, Dehnungs- und Streckübungen spielen die Kontaktübungen eine besondere Rolle. Über bewußtes und zum Teil taktiles Fühlen von widerstandbietenden Bällen, Kirschkernen, Kastanien oder anderen Objekten sollen eine geistig-seelische Kontaktarmut und deren körperliches

Korrelat, die körperliche Verspannung, günstig beeinflußt werden. Der hergestellte Eutonus der einzelnen Körperpartien wird durch ein System von Kontrollstellungen überprüft.

Die von Gerda Alexander entwickelte Methode wird heute in Ausbildungslehrgängen, die vier Jahre dauern, vermittelt.

Ich muß wirklich sagen, es gibt sicher wenig Menschen, die ein so glückliches Leben gehabt haben wie ich, von Anfang an.

Meine Eltern hatten sich durch Otto Blensdorf[1] kennengelernt. Beide nahmen an einem seiner Seminare teil und waren von seiner Arbeit so begeistert, daß jeder bei sich dachte: »Wenn ich mal ein Kind habe, soll es genau diese Arbeit kennenlernen!« Zu jenem Zeitpunkt hatten sie noch nie miteinander gesprochen.

Otto Blensdorf war der erste deutsche Rhythmiklehrer, der von Emile Jacques-Dalcroze[2] ausgebildet worden war. Er hatte schon 1910 in Elberfeld die Blensdorf-Schule für körperlich-musikalische Erziehung gegründet. Sie war ganz auf Musik und Bewegung aufgebaut, wobei die Bewegung genau der Musik entsprechen sollte – nicht nur als Begleitung, sondern aufgrund einer Verfeinerung des Hörens den Ausdruck im Körper wiedergeben.

Als ich dann kam, war ich wild auf Bewegungen und Musik. Meine Eltern erzählten mir später, wie mich mein Vater nachts, wenn ich weinte, aus dem Bettchen gehoben hat und mich zur Beruhigung mit den Füßchen über die Tasten des Klaviers gleiten ließ. Wenn er aus seiner Musikalienhandlung nach Hause kam, nach dem Abendessen, wurde die große Wohnstube aufgeräumt, er setzte sich ans Klavier, spielte oder improvisierte, und das bedeutete für mich, sofort zu tanzen. Mit meinem Vater

habe ich auch sehr viel vierhändig gespielt. Reden konnte ich mit ihm nur wenig. Es war eine andere Welt. Wir verstanden uns wunderbar durch die Musik, aber alles, was darüber hinausging, hätte ihn vielleicht auch gar nicht interessiert. Überhaupt wurde zu Hause über menschliche Probleme sehr wenig gesprochen. Als ich noch zur Schule ging, war ich ohnehin fast dauernd im Theater, und als ich mit der Schule fertig war, kam ich in die Blensdorf-Schule. Insofern war vielleicht auch nicht so viel Gelegenheit da, über persönliche Belange zu sprechen. Zu Weihnachten bin ich aber immer nach Hause gefahren. Das gehörte so dazu.

Ich war drei Jahre alt, als ich das erste Mal im Kindermärchen saß. Mein Vater war kurz vorher bei der Uraufführung einer Oper gewesen, kam nach Hause und spielte die Melodien, die er dort gehört hatte; bald kannte ich sie

Gerda Alexander (links) mit Otto und Charlotte Blensdorf

in- und auswendig. Als ich dann das erste Mal im Kindermärchen saß, spielten sie ganz genau dieselbe Musik. Und das war meine Musik! Das hat mich mit dem Theater gleich so verbunden, daß ich mein Leben lang nicht mehr davon habe lassen können. Für mich war das Theater einfach das Leben.

Dementsprechend ist meine Jugend verlaufen. Jeden Morgen um elf Uhr verschwand ich aus der Schule. Ich schwänzte, lief einfach weg und war im Stadttheater. Dort haben sie fast nicht gemerkt, daß ich nicht dazugehörte, weil ich jeden Tag da war. Die ganze Zeit im Theater – war das ein Leben!

Dennoch wäre ich nicht gerne Schauspielerin geworden. Ich hatte es mit der Musik, und mich interessierte es zu arrangieren. Schon als Kind habe ich immer inszeniert. Wir hatten jeden Sonntag, wenn die Familie, die Großmütter kamen, Vorstellungen. Es waren Geschichten, die ich mir ausgedacht hatte. Mein Bruder, der drei oder vier Jahre jünger ist als ich, mußte die Beleuchtung machen; er klagt heute noch darüber, daß ich ihn damals damit fast vergewaltigt hätte. Im übrigen haben wir uns als Kinder nicht sehr viel gezankt. Im großen und ganzen hatten wir ein recht gutes Verhältnis zueinander. Heute zanken wir uns viel mehr.

Soweit ich mich zurückerinnern kann, bin ich immer krank gewesen. Als ich vierzehn Jahre alt war, hatte ich die ersten schweren Gichtanfälle. Vier Monate war ich im Krankenhaus und konnte mich kaum bewegen. Als Jugendliche litt ich sehr an etwas, von dem man heute weiß, daß es eine Überflexibilität in den Gelenken ist; mein ganzes Leben hindurch habe ich immer wieder die seltsamsten Entzündungen gehabt. In den zwanziger Jahren hatte ich eine Entzündung am Herzen. Nachdem ich mich einigermaßen davon erholt hatte, ging ich für eine Zeit in die Schule von Schlaffhorst-Andersen, wo ich unterrichtete und selber unterrichtet wurde.

Ich bin sicher, daß viele der Dinge, die ich dort kennenlernte, in abgewandelter Form in meine eigene Arbeit eingegangen sind. Die Schule hatte zum Beispiel eine besondere Methode entwickelt, mit dem Atem zu arbeiten. Das Schwingen hat mir besonders gefallen. Ich hatte aber das Gefühl, daß das Schwingen mit dem Körper eine Bedeutung hatte, die über das, was in der Schule damit erreicht werden sollte, weit hinausging. Sehr viel später begriff ich, daß es mit dem Gehen, mit dem Stehen, überhaupt mit dem Aufgerichtetsein zu tun hat. Man lernt, wie ein Baum zu stehen, also zu schwingen.

Insofern haben mir meine Krankheiten auch zu Erfahrungen verholfen, die ich sonst vielleicht nie gemacht hätte. Ich denke sogar, daß es ganz gut ist, wenn man selber sehr viel Schmerzen hatte, damit man überhaupt versteht, warum kranke Leute manchmal hysterisch sind und wieso sie manchmal fast explodieren könnten.

Zum Glück gingen meine Krankheiten immer wieder vorüber, und wenn ich mich einigermaßen gesund fühlte, war ich gleich wieder unterwegs. Hier im Ruhrgebiet kam man damals für fünfzig Pfennig mit der Straßenbahn überallhin, nach Essen oder Düsseldorf oder in einen der kleineren Orte. Wenn ich nicht im Theater war, fuhr ich mit einer Freundin dahin, wo ein Blensdorf-Lehrer unterrichtete: es war immer derselbe, der an verschiedenen Tagen in verschiedenen Orten Stunden gab, und der drückte ein Auge zu. So hatte ich fast jeden Tag Unterricht. Daß ich dabei die Schulaufgaben oft komplett versäumte, ist klar, aber irgendwie bin ich immer ganz gut durchgerutscht.

Meine Eltern haben natürlich erst mal versucht, meine Entwicklung zu dämpfen; schließlich haben sie es aufgegeben. Es war hoffnungslos. Sie haben akzeptiert, daß ich immer so lebte, wie es für eine gutbürgerliche Tochter nicht schicklich war. Sie mußten sich halt damit abfinden. Natürlich war es für meine Mutter fürchterlich, daß ich nicht heiraten wollte. Ich sagte zu ihr: »Ich brauch' mich nicht zu verheiraten, ich kann Männer haben, ohne verheiratet zu sein.« Ich habe immer genau gesagt, was ich getan habe, und habe nie etwas verschwiegen. Meine Männer waren alle selber Künstler, und so haben diese Verbindungen – zumindest nach außen – nie Schwierigkeiten gemacht.

Für eine Heirat war ich ohnehin nie. Da hätte ich wählen müssen: entweder mache ich meine Arbeit und reise – und ich habe es immer in ganz besonderer Weise geliebt, im Ausland zu unterrichten – oder ich heirate. Das Bedürfnis, eigene Kinder zu haben, ist mir nie gekommen.

Ich hatte ja mehr Kinder als »normale« Frauen. Meine Schule später in Kopenhagen zum Beispiel war genaugenommen eine sehr, sehr große Wohnung; außer meinem Schlafzimmer, in dem sich die Papiere stapelten, war sie von den Schülern »besetzt«. In der Küche saßen sie, als wäre es die elterliche Wohnung. Es hat mich nie gestört, daß ich fragen mußte, ob auch noch ein Platz für mich frei sei, wenn ich mich an den Tisch setzen wollte. Außerdem hätte ich sicherlich noch viel häufiger ausgetrocknete Spiegeleier und schwarze Toastbrotscheiben gegessen, wenn meine Küche wirklich nur für mich gewesen wäre. Es passierte nämlich allzu häufig, daß, während ich mir mittags ein Spiegelei briet und Toast in den Röster legte, das Telefon klingelte und ich Ei und Toast über dem Telefonieren vergaß. Da sorgten dann oftmals meine Schüler für mich.

Nachdem ich die höhere Töchterschule beendet hatte – ich habe übrigens kein Abitur, ich hätte es auch keinen Tag länger als unbedingt nötig in der Schule ausgehalten! – bin ich in die Blensdorf-Schule hier in Elberfeld gegangen. Es gab damals natürlich auch die leistungsorientiertere Turnvater-Jahn-Bewegung, aber die hat man in meinen Kreisen nicht zur Kenntnis genommen.

An der Blensdorf-Schule lernte ich selber und unterrichtete gleichzeitig andere Schüler. Als die Schule nach Bad Godesberg übersiedelte, ging ich mit. Ich wohnte dann bei Otto Blensdorf in der Familie. Mit Charlotte, der Tochter, bin ich mein ganzes Leben hindurch und bis heute in einer ganz besonderen Weise verbunden. Sie ist aber auch eine seltene, wirklich großartige Frau! Obgleich sie immer viel um die Ohren hatte, hat sie mich immer sehr unterstützt. Gerade in der Zeit, in der meine Arbeit noch sehr beargwöhnt wurde, hat sie eine große Rolle in meinem Leben gespielt.

In Bad Godesberg blieb ich zweieinhalb Jahre lang. Dann machte ich Staatsexamen. Das konnte man damals eigentlich erst mit einundzwanzig machen, aber ich bekam eine Sondergenehmigung und machte mit neunzehn das Staatsexamen in Berlin als »Lehrerin für rhythmische Erziehung«. Damit hatte ich schon 1927 eine staatliche Anerkennung.

Als ich nach bestandener Prüfung nach Hause zu meinen Eltern kam, hat mir keiner gratuliert. Während des ganzen Abends wurde kein Wort über die nunmehr abgeschlossene Ausbildung gesprochen. Ich war wirklich sehr enttäuscht. Am nächsten Morgen aber hörte ich meine Mutter die Treppe heraufkommen. Wenn ich Geburtstag hatte, war sie morgens immer in mein Zimmer gekommen und hatte mich mit einer großen Tasse heißen Kakaos geweckt. Mein Herz klopfte vor Freude. Meine Mutter kam aber ohne Kakao. Sie setzte sich auf mein Bett und sagte: »Das haben wir jetzt hinter uns gebracht. Jetzt wird es Zeit, daß du anfängst, die Weißwäsche für deine Aussteuer zu nähen.«

Als Otto Blensdorf kurz nach meinem Examen mit seiner Schule von Bad Godesberg nach Jena übersiedelte, bin ich mitgegangen. In Jena und um Jena herum war es damals sehr lebendig. Peter Petersen[3], der Schulreformer, hatte uns an die »Erziehungswissenschaftliche Anstalt der Thüringischen Landesuniversität« eingeladen, wo alle Schülergruppen Unterricht in rhythmischer Erziehung erhalten sollten. Außerdem hatte das Land Thüringen Charlotte Blensdorf gebeten, Unterricht in den »Staatlichen Erziehungsheimen Stadtroda« zu geben.

Das war ein Heim, in dem auch schwer erziehbare Jugendliche untergebracht waren. Ursprünglich war die Rhythmik, wie sie Otto Blensdorf bei Jacques-Dalcroze gelernt hatte, auf Tanz und Theater begrenzt gewesen;

nun, auch durch die Notzeiten bedingt, rückte ein soziales Engagement zunehmend in den Vordergrund. Diese Erweiterung unserer Arbeitsfelder ist Otto Blensdorf und seiner Tochter Charlotte zu verdanken. Sie kam zweimal in der Woche ins Erziehungsheim, montags und dienstags, an den anderen Tagen habe ich die Arbeit weitergeführt. Das war sehr kompliziert, weil viele Jungs fürchterliche Rowdys waren. Es waren Fassadenkletterer darunter, die sich manchmal unter den Zug nach Hamburg hängten und dann verschwunden waren. Einmal ist die Leiterin verreist und hat mir die Aufsicht übergeben. Da hat mir das Herz vielleicht gezittert!

Dennoch war ich dort sehr gern. Alles interessierte mich. In der Jenaer Zeit habe ich dann auch ungefähr ein oder zwei Jahre bei Peter Petersen als eine Art Assistentin gearbeitet. Als Leiter der Jenaer Universitätsschule hatte

Gruppenimprovisation: Entspannung/Blensdorf-Schule

er ein pädagogisches Konzept entwickelt, in dem die Gemeinschaft als Mittel und Ziel der Erziehung galt. Die Vorstellung von der Eigenverantwortlichkeit des Menschen, die in Petersens Arbeit eine zentrale Rolle spielte, hat mich nachhaltig beeindruckt. Seine Ablehnung von Autoritäten ermutigte mich, mich mit meinen eigenen Autoritätsproblemen auseinanderzusetzen. Es wurde für mich eines der zentralen Themen meines Lebens, wie man sich zu Autoritäten stellen soll. Dementsprechend spielt die Ablehnung jeglicher Einflußnahme von außen auch in meiner Arbeit eine große Rolle: man soll nicht nur Übungen machen, sondern man soll etwas tun und es spüren. Fühlend denken. Denkend fühlen. Handelnd spüren.

Vielleicht hat diese Betonung der Eigenverantwortlichkeit auch damit zu tun, daß ich mich im persönlichen Leben gerade mit Autoritäten manchmal sehr schwergetan habe. Es ist so lange her, daß ich mich fast nicht mehr erinnere, aber ich kann es mir nicht anders denken, als daß mir von früh an eingeprägt wurde, ich sei unsystematisch und sowieso seien nur die exakten Wissenschaften von wahrem Wert. Deshalb habe ich lange Zeit darunter gelitten, kein Abitur zu haben, und es als großen Mangel empfunden, ohne akademische Ausbildung zu sein. Carl Gustav Jung lud mich zweimal ein, mit ihm zu arbeiten und ihm von meiner Arbeit zu erzählen: ich bin nicht hingegangen, weil ich mich nicht genügend vorbereitet fühlte und Angst hatte, nicht zu genügen. Muß man da nicht traurig werden?

An der Blensdorf-Schule hatten wir auch regelmäßig Vorführungen. Auf der »Gesolei«, einer großen Ausstellung 1926 in Düsseldorf zum Thema Gesundheit – Soziale Fürsorge – Leibesübungen, waren wir mit einer großen Aufführung dabei. Auch später, während ich meine eigene

Arbeit entwickelte, habe ich parallel dazu viel an Theatern gearbeitet und sowohl in Schweden als auch in Dänemark zahlreiche Inszenierungen herausgebracht.

1928 wurden wir in eine Versuchsschule in England, in die »New Education Fellowship«, eingeladen. Eines Tages kam eine Dame dorthin, die am Fröbel-Seminar arbeitete. Sie fragte mich: »Wollen Sie nach Seeland kommen?« Ich hatte schon lange die Idee gehabt, ich will nach Neuseeland; ein Arzt hatte mir für meine Herzkrankheit Neuseeland wegen des Klimas dort empfohlen. Ich wußte aber nichts über das Land und wußte nicht einmal, wo Neuseeland lag. Wie mich die Dame so fragte, dachte ich also, sie meine Neuseeland und habe sofort zugesagt.

Es wurde eine seltsame Reise. Ich dachte, ich müßte auf einem Schiff übers Meer, aber nach einer Zugfahrt stand nur ein Pferdewagen vor dem Bahnhof, in den stiegen wir ein. Ich dachte noch, irgendwann müssen wir doch an ein Schiff kommen, schließlich kamen wir an einen Ort mitten in der Landschaft, in dem mehrere Baracken standen. Dort fanden die Sommerkurse des Fröbel-Seminars statt: in Seeland in Dänemark. War das eine Enttäuschung!

Dänisch lernte ich dann von all den Psalmen, die – nach meinem Gefühl – in Seeland fast halbstündlich gesungen wurden. Trotzdem war die Ausbildung für damalige Verhältnisse modern. Fröbel hatte 1840 in Deutschland den ersten Kindergarten gegründet, davor hatte es nur Kinderverwahranstalten gegeben; für ihn war das Spielen eine Urfunktion menschlichen Daseins. Das Lernen solle schon im Vorschulalter durch Spiele und Bewegung im Kinde angelegt werden, meinte er. Meine Arbeit war aber auch dort noch ein Kuriosum, nämlich so, als ob ich im Kopf nicht ganz bei Trost sei.

Meinen ersten Morgen dort werde ich nie vergessen. Als ich um sechs Uhr zur Morgengymnastik ging, hatte ich wie gewöhnlich ein kleines Trikot und einen Büstenhalter an. Als ich meinen Mantel fallen ließ, machten alle nur »Ohh!« Sie standen in langen Hosen und mit Bündchen bis oben hin bedeckt da. Ich war in meiner Nacktheit vollkommen allein, ich war nicht auf die Idee gekommen, daß es nicht selbstverständlich ist, daß man so wenig wie möglich anhat, wenn man trainiert.

Zunächst bekam ich also einen Höllenschreck. Aber dann habe ich unbeirrt mit dem Training begonnen. Ich tat ja auch sonst vieles, was den gängigen Vorstellungen durchaus nicht entsprach.

Zwischen 1922 und 1925 hatte Charlotte Blensdorf am Malmöer Konservatorium und am berühmten Gymnastikinstitut in Lund gearbeitet. Die »Schwedische Gymnastik«, die in Lund unterrichtet wurde, war bewußter als das, was man in Deutschland machte. Da ich nun in Kopenhagen gelandet war, habe ich ihre Arbeit übernommen und weitergeführt. Jedes Wochenende bin ich rübergefahren: montags und dienstags unterrichtete ich in Schweden.

Damals hatte ich, ich glaube, im Gegensatz zu vielen anderen, immer auch Kontakt zu Frauen gehabt, die auf eine ähnliche Weise arbeiteten wie ich. Mit meinen ehemaligen Kollegen aus der Blensdorf-Schule stand ich in einem regen Austausch, natürlich auch mit Kollegen aus der Schule der Dore Jacobs[4] – mit der war ich ja befreundet. Sie war ursprünglich auch Blensdorf-Schülerin gewesen und ist dann an das Dalcroze-Institut in Genf gegangen, bevor sie in Essen ihre »Bundesschule für Körperbildung und rhythmische Erziehung« eröffnete.

Alles, was sich später als ein Element der Eutonie herausbildete, ist neben den Erfahrungen, die ich in den verschiedenen Schulen gemacht hatte, vor allem durch die Beobachtung entstanden. Es gab so viele Erlebnisse, die wie ein Impuls etwas in mir bewegten, das dann in der Arbeit in gewandelter Form wieder zutage trat. So gibt es sicherlich eine Verbindung von den Wanderungen auf der Tastatur, die mein Vater nachts auf dem Klavier mit mir machte, mit der Erfahrung von Bewegung, Berührung, Rhythmus, Klang, Horchen und dem Prinzip der Körperspannung, das in meiner Arbeit eine wichtige Stellung einnimmt. Auch die Bedeutung, die die Vorstellung von einer Bewegung für ihre Ausführung hat, geht zum Teil auf ein Erlebnis zurück.

Rosalia Chladek[5], die später die Chladek-Tanztechnik entwickelte, und ich waren in einem Ausbildungsjahrgang. Am Tag der Prüfung ging ich morgens zu ihr. Sie lag noch im Bett! Ganz aufgeregt sagte ich: »Du mußt sofort aufstehen, du mußt doch noch üben! Wir haben doch heute Prüfung!« Woraufhin sie sagte: »Laß mich ruhig im Bett liegen bleiben. Ich stelle mir vor, wie ich die einzelnen Schritte mache. Das ist als Vorbereitung für mich genausogut.«

Ich war entsetzt, aber es hat dann tatsächlich geklappt. So etwas vergißt man nicht; ich blieb dieser Erfahrung auf der Spur und überprüfte sie. Heute ist ein wichtiger Baustein der Eutonie, sich eine Bewegung von innen vorzustellen, sie im Körper zu erspüren, ehe sie ausgeführt wird.

Wenn sich über die langen Jahre meiner beruflichen Tätigkeit etwas entwickelte, lag es nie daran, daß ich mir etwas vorgenommen hätte. Ich habe immer nur versucht, gut zu sehen. Ich habe nicht nachgedacht und dann etwas angewendet, sondern ich habe einfach immer versucht. Ich habe gar nicht gezerrt oder gewollt. Es entwickelte sich, und irgendwann war es plötzlich da – wie die Sache mit den Kastanien, die wir in der Eutonie-Arbeit benutzen. Irgendwann war ich zufällig darauf gestoßen, daß

Kastanien eine besonders gute Entladungskraft haben. Die Natur hat so viele Hilfsmittel gegeben, wir kennen sie wahrscheinlich gar nicht alle. Wenn ich also etwas Neues fand, wendete ich es in den verschiedensten Situationen an und kontrollierte es von allen möglichen Seiten, denn ich mußte sicher sein können, daß es nicht nur für den Moment Gültigkeit hatte.

In der Blensdorf-Schule hatte ich gesehen, daß ein ganz wesentlicher Teil der Persönlichkeitsentwicklung sich verstärkt, wenn man horcht, Musik bewußt aufnimmt und sie in der Bewegung sozusagen umbildet. Im wesentlichen war das ja die Erfindung von Dalcroze: etwas von außen aufnehmen und dann schauen, wie man es von innen her, in sich selber realisieren kann. Durch meine eigenen Unterrichtserfahrungen hatte ich dann gelernt, daß man anwesend sein, alle Schüler beobachten muß, dauernd. Und das ist etwas, was gar nicht so einfach ist. Ich habe es durch sechzig Jahre gelernt. Und ich habe immer mehr gesehen – anfangs spontaner, da habe ich mir nicht so viel gedacht, aber allmählich habe ich gemerkt, daß immer nur die Realität des Augenblickes zählt. Sich auf eine Methode festlegen: das ist das Toteste vom Toten. Wenn man genau weiß, was man will, und es dann wiederholt, wird die Wiederholung nicht mehr ganz so lebendig sein. Sie wird vor allen Dingen nicht mehr passen – nicht zu den Menschen, nicht zu ihrer momentanen Verfassung und nicht zur gegenwärtigen Situation. Das ist vielleicht auch das Allerwichtigste an meiner Arbeit geworden: die Anpassung an die Realität des Augenblicks. Gerade das können die meisten Leute nicht. Viele glauben, daß sie einem System folgen müssen, aber das kann man in der Arbeit mit lebendigen Wesen nicht machen.

Immer schon hatte es mich auch interessiert zu wissen, warum Menschen krank sind oder warum sie bestimmte, eigentlich natürliche Bewegungen nicht machen können. Mit der Zeit ist mir als Hauptgrund aufgegangen, daß sie einfach kein Körpergefühl hatten. Was nützt es mir, mich mit meinen letzten Kräften wunderbar gerade zu halten, wenn das meiner augenblicklichen Verfassung gar nicht entspricht. Vielleicht mache ich Eindruck mit meiner Haltung; in Wirklichkeit aber schade ich mir. Ich lebe nur im Kopf, und der Körper ist vollständig isoliert.

Ich begriff also, daß das erste, was man lernen muß, ist, aufmerksam auf sich selber zu werden. Lernen, in der Realität gegenwärtig zu sein. Lernen, die Realität des eigenen Seins in der Umgebung, im Kontakt mit anderen zu erfahren. Lernen, kein Schema zu haben, denn ein Schema isoliert von der Umwelt. Das ist das, was ich Körperbewußtsein nenne: die aktive Sensibilität des ganzen Organismus.

Ein Mensch, der einen großen Koffer heben will, bereitet sich anders vor als jemand, der einen kleinen Koffer vor sich sieht. Wenn der große Koffer aber unerwarteterweise leer ist, wird der Mensch beim Heben aus seiner Balance geraten! Er hat sich vorher etwas vorgestellt und hat danach gehandelt, anstatt mit dem Heben zu beginnen, zu spüren, zu erleben und seinen Tonus den Erfordernissen anzupassen.

Gerade die Arbeit an der Präsenz ist etwas, das in der Eutonie über das Körperliche weit hinausgeht. So kam ich zur Entwicklung des Bewußtseins der Oberflächensensibilität; auf die Tiefensensibilität bin ich später gekommen. Ich weiß noch genau, wo das war. In Kopenhagen, oben beim ersten Bahnhof nach draußen, ist ein großer Park. Während ich dort einmal spazierenging, erlebte ich plötzlich mein ganzes Skelett. Aber komplett! Jeden Knochen einzeln! Ich hatte nichts dafür getan, es ist mir einfach geschenkt worden. Ich hatte es weder gewünscht noch hatte ich es in irgendeiner Weise vorbereitet. Plötzlich war es einfach. Es war ein unglaubliches Erlebnis und mit das Schönste in meinem ganzen Leben. Man kann es gar nicht mit Worten fassen. Es ist wie aus einer anderen Welt. Da habe ich verstanden, was der Körper und das Skelett bedeuten.

Die Arbeit mit einem Menschen kann sehr anstrengend sein. Man kann, wenn man ihn so anrührt, wie wir es tun, nicht umhin, sich mit seinem Feld sozusagen zu vereinigen. Deswegen muß man sich immer wieder mit sich selbst einigen können, und das heißt, zu lernen, eine Verkrampfung oder eine starke Spannung wieder abzugeben. Man kann sie hauptsächlich in den Boden leiten. Man kann es von den Händen oder vom Rücken, also von jeder Stelle des Körpers aus tun, zum Beispiel, indem ich meine Hand hinlege und an jeder Berührungsstelle mir der Berührung bewußt bin und dann die Energie aus der Hand in die Umgebung gebe. Das kommt nicht so von nix. Da muß man ein bißchen üben. Aber dann ist es unglaublich. Und es ist unumgänglich, es zu wissen, wenn man behandelt, weil man sonst von den Spannungen, die man vom anderen übernimmt, krank werden kann.

Ich habe meine Arbeit immer sehr geliebt. Eutonie ist für mich ein Lebensbedürfnis, ein Teil meines Lebens. Und obwohl ich von vielen berufstätigen Frauen weiß, die große Probleme mit ihrer Situation als Frau hatten, habe ich selber niemals Emanzipationsprobleme gehabt. Ich habe mich deshalb auch nie als Teil der Frauenbewegung verstanden. Genaugenommen weiß ich gar nicht, was diese Frauen wollten. Gibt es die Frauenbewegung überhaupt noch?

In Dänemark konnte ich so unpolitisch leben, wie es mir nun einmal entsprach. Das Zeitgeschehen hat meine

Arbeit nie beeinflußt. Sogar im Krieg, nach 1940, während der Besetzung durch die Deutschen, habe ich meine Arbeit weitergeführt, wenn auch unter argwöhnischster Beobachtung.

Ich hielt mir damals eine deutsche Zeitschrift, die »Skagerak«. Als das Haus, in dem ich wohnte, nach einem Bombenangriff unbewohnbar geworden war, zog ich in ein Haus, das mir Freunde überlassen hatten. Niemand sonst wußte, daß ich dort war. Am nächsten Morgen aber, was lag da vor der Tür? Die »Skagerak«! Man wurde beobachtet auf Schritt und Tritt, das war scheußlich, ganz scheußlich.

Die Feindbildideologie der Nazis widerstrebte mir zutiefst. Schon seit frühester Jugend zweifelte ich daran, daß es nationale Feinde gibt. Damals, es war kurz nach dem Ersten Weltkrieg, war das Rheinland von der französischen Armee besetzt. Die Franzosen, hieß es überall, sind unsere Feinde. Dann, auf einem Spaziergang mit meinen Eltern, kamen wir ins Gespräch mit einem Mann, der mich sehr beeindruckte. Er hatte schwarze Haare, einen großen, eindrucksvoll geschwungenen Schnurrbart; ich starrte ihn fasziniert an. Im Weitergehen sagten meine Eltern, daß er ein Franzose sei. Mir schoß durch den Kopf: Das sollte mein Feind sein?

Ich könnte mir vorstellen, daß mein Bedürfnis, eine internationale Schule zu haben, in diesem kindlichen Erlebnis gründet. In gewisser Weise hatte ich manchmal sogar das Gefühl, an Menschheitsbilder aus dem alten Ägypten anzuknüpfen. Es begann damit, daß ich mit neunzehn Jahren in Berlin die Nofretete zum ersten Mal sah. Das hat mich so berührt, daß ich, solange wir in Berlin waren, jeden Tag hingegangen bin. Jeden Morgen. Später haben mich die ägyptischen Totengötter, ihre ausgestreckten Arme, die vielfarbigen Flügel nicht losgelassen. Vielleicht ist das Bewußtsein für den Außenraum, der in der Eutonie ja eine große Rolle spielt, von diesen Eindrücken mitgeprägt.

Ein bestimmtes Menschenbild hatte ich aber nicht, weil ich immer gefunden habe, daß jeder Mensch etwas Einmaliges ist. Jeder hat natürlich dasselbe Gerüst, nach außen ist es ungefähr dasselbe, aber er ist doch ganz er selbst mit seiner Herkunft und seinen Erlebnissen, er hat seine eigenen Gesetze. Das Schlimme ist nur, daß es den wenigsten Menschen klar ist, daß sie an ihren Schwierigkeiten selber etwas ändern können und selbst Verantwortung dafür zu tragen.

Die Menschen, mit denen ich arbeitete, änderten sich nicht nur körperlich, sondern auch seelisch. Oft beobachtete ich einen geradezu psychotherapeutischen Effekt. Mit den Modellagen, die wir manchmal anfertigen, kommt viel zutage: wenn jemand mit geschlossenen Augen in weichen Ton seinen Körper modelliert, spiegelt das in ganz erstaunlicher Weise sein unbewußtes Körperbild. Während der gemeinsamen Arbeit verändern sich diese Modellagen und es ist wirklich spannend, was manchmal dabei herauskommt.

Ich gebe dazu so wenig Kommentare ab wie möglich. Ich sage: »Gucken Sie sich's an: Ihr erstes Modell sah anders aus. Merken Sie da irgend etwas?« Ich erkläre nicht, ich befinde etwas nicht für besser oder schlechter. Ich lasse sie selber erklären, was oder wie sie etwas spüren. Meistens sehen sie doch ganz gut, was los ist, wenn sie sich ein bißchen Zeit nehmen. Es ist mir wichtig, daß ich mich nie von mir aus einmische. Wenn sie Fragen haben oder wenn sie von sich aus etwas tun oder über etwas berichten wollen, gut. Ich selber frage aber nie und würde niemals anfangen zu bohren.

Ich glaube, auch meine Schüler merken, daß man sie freilassen will. Ich freue mich natürlich, wenn sie anerkennen, daß man sie zwar stützt, aber nicht in eine Erkenntnis pressen will, daß man immer nur so viel tut, daß sie es wagen, bestimmte Sachen selbst zu sehen. Denn das ist ungefähr das Schlechteste, was man machen kann: Macht über einen anderen Menschen gewinnen zu wollen. Man kann jemandem helfen, seinen Weg zu entdecken, man kann ihm verschiedene Übungen empfehlen, die ihm dabei helfen könnten. Aber es ist nicht der richtige Weg, zu sagen, das muß so und so sein. Dann imitiert der Mensch das nur und hat gar kein wirkliches Erlebnis.

Ich hatte nie daran gedacht, meine Arbeitsweise nach mir selbst zu benennen. Sie ist mit »Eutonie«, dem Ausdruck für ausbalancierte Spannung oder, treffender, für die dem Augenblick gemäße Spannung angemessen umschrieben. Erst als es fast zur Mode geworden war, die unterschiedlichsten Dinge als »Eutonie« zu bezeichnen, habe ich meine Arbeitsweise als »Eutonie Gerda Alexander« eintragen und schützen lassen, obwohl sie kein System »Jetzt gehen wir von da nach da« ist.

Ich glaube, daß die Eutonie wichtig in einer Welt ist, in der die Menschen dauernd nach außen hin imitieren. Das Gefährlichste dabei ist, daß man Serienmenschen erzeugen will. Die meisten Leute, so scheint es mir, stellen sich alles nur vor oder sagen sich, ich will das und das tun, sagen es, ohne daß sie das, was sie dann wirklich tun, erspüren könnten. Das Mechanische ist wirklich gefährlich. Es wird zu wenig auf Individualität eingegangen, es wird nicht motiviert, an sich selbst und damit für sich selbst zu arbeiten. Aber es kommt eine neue Ära. Man könnte sie vielleicht als die Zeit des Untergangs der isolierten Vernunft bezeichnen. Denn es gibt inzwischen immer mehr Menschen, die Zusammenhänge deutlicher erleben, miterleben oder auch mitgestalten. Zu dieser Bewußtseinserweiterung möchte ich beitragen. Und sei es nur mit einem Tropfen.

Biodynamische Psychologie und Psychotherapie
Gerda Boyesen

> »Worum es auch ging, immer wurden mir Steine in den Weg gelegt. Zuerst sollte ich nicht studieren, dann sollte ich nicht arbeiten, und als ich doch arbeitete, sollte ich wenigstens nicht so weit weg von meinem Mann sein. Für mich war aber das Schönste auf der Welt, daß es mir schließlich erlaubt war, zu studieren und später auch zu arbeiten.« Hamburg, 4.7.1988

Die Gerda-Boyesen-Methode arbeitet mit mentalen, emotionellen und körperlichen Zusammenhängen, deren Bindeglied die »Bioenergie«, also die Lebensenergie ist.

In ihrer »Biodynamischen Psychologie« hat Gerda Boyesen mehrere Methoden entwickelt. Die biodynamische Massage, die sie im folgenden erläutert, arbeitet auf zwei Ebenen: auf der Ebene des Körpers und in der Ebene der Aura. Auf beiden Ebenen werden Energieblockaden durch Massagetechniken aufgelöst. Der Erfolg dieser Auflösungen läßt sich an einer bestimmten Art von Darmgeräuschen nachprüfen. Diese zeigen an, daß der Vorgang der Psychoperistaltik in Gang gekommen ist: ein körpereigener Regulierungsmechanismus, mit dem nervöse Spannungen »verdaut« und beseitigt werden. Um diese Geräusche besser hören zu können, wird ein Stethoskop, also ein Hörrohr, auf den Bauch gelegt.

Meine Eltern kommen von der norwegischen Westküste. Mein Vater ist ein norwegischer Däne, und ein bißchen deutsches Blut ist auch dabei, denke ich, denn sein Name ist Reinhard Bauer-Monsen. Meine Mutter entstammt einer alten Wikingerfamilie. In den dreihundert Jahren, in denen Norwegen zu Dänemark gehörte, hatten sich einige Nachfahren der Wikinger ins Gebirge zurückgezogen; sie waren so stolz, daß sie sich mit den Dänen nicht vermischen wollten. Irgendwann kam meine Mutter nach Bergen und traf dort auf meinen Vater. Es war wohl Liebe auf den ersten Blick, obwohl beide sehr verschieden waren. Mein Vater kommt aus einer sehr reichen Familie, meine Mutter aus einer kleinen Beamtenfamilie. Die Eltern meiner Mutter waren warm und natürlich; die Eltern meines Vaters waren reich und fein.

Meine Mutter war künstlerisch sehr interessiert. Sie hat, wie Isadora Duncan[1], barfuß getanzt, hat Instrumente gespielt und wäre gern Konzertmusikerin geworden. Außerdem sang sie, malte auf Porzellan und war überhaupt sehr fleißig.

Mein Vater hatte studieren wollen. Da mein Großvater aber wollte, daß der Junior im Familienbetrieb arbeitet, mußte er tun, was mein Großvater sagte.

Meine Eltern waren aber nicht nur durch ihre Neigungen und ihre Herkunft unterschiedlich. Vielleicht kann eine Geschichte den Unterschied deutlich machen.

Eine Zeitlang wohnten sie im vierten oder fünften Stock eines Hauses. Die Treppe war sehr steil, und der Hund, den sie damals hatten, mochte die Treppe nicht hinuntergehen. Mein Vater drohte dann dem Hund und fauchte: »Nu, komm doch! Los, komm!« Der Hund wollte aber nicht. Dann nahm meine Mutter ein Stück Wurst, und der Hund kam.

Meine Mutter hat gespielt und gesungen, sie hatte eine wunderbare Stimme, sie war die schöne Frau ihres Mannes und unsere warmherzige Mutter. Später kamen schlechtere Zeiten. Mein Vater war einfach kein Geschäftsmann. Eigentlich wollte er schreiben, die Kunden waren ihm nur lästig. Eines Tages wollte meine Mutter fünf Kronen, um Gardinen zu kaufen; die Sekretärin meines Vaters hat ihr aber kein Geld gegeben. Meine Mutter beschloß, niemals mehr um Geld bitten zu müssen. Das war gerade vor dem Zweiten Weltkrieg. Sie hat dann norwegische Wolle spinnen lassen und Skikleidung für Kinder in den nationalen Mustern hergestellt. Mit dieser Firma wurde sie reich.

Mein Vater hatte sehr feste Vorstellungen von Kindererziehung. Er besaß einen Buchgroßhandel, hatte also auch viel über Pädagogik gelesen, und damals war ein schrecklicher Herr Schreiber die Nummer eins in der Pädagogik. Dieser Schreiber hatte übrigens zwei Söhne. Einer war ein Freud-Klient und wurde dann als der »Fall Schreiber« berühmt, der andere hat Selbstmord begangen. Mein Vater war von diesem Schreiber sehr beeinflußt und hat mich ganz in seinem Sinne aufgezogen. Das hat mich natürlich hochgradig neurotisch gemacht. Heute bin ich für diese Neurosen dankbar, denn alles das, was meine Arbeit jetzt ausmacht, hätte ich nie entwickeln können, wenn ich nicht so neurotisch gewesen wäre.

Ich wurde in Bergen geboren und lebte dort, bis ich fünf Jahre alt war. Dann bin ich nach Oslo gekommen und dort aufgewachsen. Ich habe Sport getrieben, bin natürlich viel Ski gelaufen, und das lag damals auch wirklich nahe, denn wir wohnten längere Zeit auf Holmenkollen. Das ist der Stadtteil in Oslo, in dem die berühmte Sprungschanze steht. Sieben oder acht Knaben aus meiner Straße haben später an Olympiaden teilgenommen.

Ich war die Älteste von vier Kindern. Es sind übrigens oft die ältesten Kinder, die Psychotherapeuten werden: ich mußte auf meine kleine Schwester und meine zwei Brüder aufpassen, und wenn irgend etwas passierte, war es immer mein Fehler. Ein besonderes Konzept unserer Erziehung bestand darin, daß alle gleich sein sollten. Obwohl ich sieben Jahre älter war als meine Schwester, mußten wir abends alle zur selben Uhrzeit ins Bett. Mit der Zeit wurde es mein Vater allerdings müde, alle diese Kinder zu erziehen. Deshalb ist meine jüngste Schwester auch am wenigsten neurotisch geworden.

Als ich mit der Schule fertig war, wollte ich studieren. Aber ich wußte nicht, was. Da meine Mutter eine Modefirma hatte, habe ich mich in Volkswirtschaft immatrikulieren lassen. Das gefiel mir aber nicht. Außerdem wollte mich damals kein Mann haben, also dachten meine

Eltern, daß ich niemals heiraten würde. Das ist in Norwegen, zumindest damals, ein ganz zentrales Thema für eine junge Frau gewesen.

Ich habe mit der Volkswirtschaft aufgehört, ohne zu wissen, was ich statt dessen tun sollte, und fing an, ein bißchen zu tanzen und zu singen. Ich hatte keine besondere Stimme, aber ich liebte es, zu singen; später, in der Therapie, hat sich so viel Spannung aus meiner Kehle gelöst, daß ich inzwischen eine recht schöne Stimme habe. Damals also nahm ich Gesangsunterricht, und eines Tages kam einer der Schüler ganz unglücklich an: seine Verlobung war gerade in die Brüche gegangen. Wir hatten immer nacheinander unsere Stunden gehabt, und nun brachte die Lehrerin uns zusammen. Ich habe mir gar nicht so viele Gedanken darüber gemacht. Plötzlich war ich mit ihm verheiratet und hatte drei Kinder geboren.

Ich war damit in einer Situation, die der zwischen meinem Vater und meiner Mutter erstaunlich ähnlich war. Meine Schwiegerfamilie war reich, und in deren Augen war ich nichts. In Bergen galt meine Familie etwas, für die Schwiegereltern zählte das nicht. Ich war nicht in Oslo geboren, ich gehörte nicht in die norwegische Patrizierhierarchie, sie waren nicht begeistert, daß mich ihr Sohn geheiratet hatte, weil sie eine Schiffsreederstochter oder so lieber gesehen hätten. War ich vorher schon neurotisch, wurde es unter solchen Umständen nicht gerade besser.

Eines Tages, es war 1947, las ich ein Buch über den »neurotischen Charakter«. Plötzlich wurde mir klar, daß ich einer Therapie bedurfte.

Ich begann meine Psychotherapie bei Ola Raknes.[2] Das ist einer der besten Freunde von Wilhelm Reich[3] gewesen, der vor den Nazis hatte fliehen müssen und 1934 nach Norwegen gekommen war. Raknes hatte bei ihm eine

Therapieausbildung bekommen, und obwohl Raknes immer analytisch orientiert war, enthielt die Reichsche Vegetotherapie, die ich bei Raknes lernte, auch Körperarbeit. Sie nahm nur einen verhältnismäßig geringen Raum ein, aber Raknes legte großes Gewicht auf das Atmen und auf orgonotische Übungen.

Die Erfahrungen, die ich bei ihm gemacht hatte, weckten in mir den Wunsch, mehr über diese Zusammenhänge zu wissen. Ich wollte Psychologie studieren. Mein Mann war wütend. Ich sollte Frau Boyesen sein, Teepartys geben, schön sein – eben eine Puppe in einem Puppenhaus[4]. Auch meine Schwiegereltern meinten, ich müsse nicht studieren. Sie begründeten es damit, daß ich so gut situiert sei, daß ich nicht einer anderen, die die Ausbildung dringender brauche als ich, den Studienplatz wegnehmen dürfe.

Worum es auch ging, immer wurden mir Steine in den Weg gelegt. Zuerst sollte ich nicht studieren, dann sollte ich nicht arbeiten und als ich doch arbeitete, sollte ich wenigstens nicht so weit weg von meinem Mann sein. Für mich war aber das Schönste auf der Welt, daß es mir schließlich erlaubt war, zu studieren und später auch zu arbeiten. Das war eine Gnade! Ich habe es immer ganz unauffällig, wie nebenbei tun müssen.

Nach meinem Psychologiestudium wollte ich reichianische Vegetotherapeutin werden. Eine damals in Norwegen sehr angesehene Vegetotherapeutin, Nic Waal, riet mir, zunächst Physiotherapie zu lernen, um die körperlichen Abläufe besser verstehen zu können. Also machte ich die Ausbildung zur Physiotherapeutin, obwohl meine Psychologiekollegen negativ darauf reagierten und einen solchen sozialen »Abstieg« nicht verstehen konnten. Auch bei meinen Kollegen in der Physiotherapieschule stieß ich auf gewisse Widerstände. Und etwas Ablehnung seitens der Lehrer war durchaus auch da. Das war im Grunde zu verstehen: ich war älter als alle anderen Studenten, ich war Hausfrau, reich, hatte kleine Kinder und zudem schon meinen eigenen Beruf.

Auf keinen Fall aber wollte ich nur in einem der beiden Berufe arbeiten. Ich wollte sie kombinieren! Eine Vegetotherapeutin muß die Funktionsweisen des Körpers im Detail kennen, um die Funktionsweise der Emotionen und damit die Mechanismen der Verdrängung zu verstehen. Ich stellte fest, daß es von Nic Waal mehr als ein guter Rat gewesen war, Physiotherapie zu lernen. Nun hatte ich eine logische und praktische Aufgabe, die mir die Tür zu aufregenden Methoden therapeutischer Massage eröffnen sollte.

Ich hatte kaum mein Examen gemacht, als ich zufällig an Aadel Bülow-Hansen[5] geriet und ihre neuromuskuläre Massage kennen und praktizieren lernte. Ich habe viele Jahre mit ihr zusammengearbeitet. Heute nennt sie ihre Methode »Psychomotorische Entspannung«. Wir ergänzten uns gut. Einmal sagte sie zu mir: »Gerda, ich bin keine Theoretikerin, mir gefällt es, Dinge praktisch herauszufinden. Kümmere du dich um die Theorie.«

Ich denke, daß ich von Natur aus Theoretikerin bin. Ich bin neugierig, wissenschaftlich neugierig. Ich frage. Dann überlege ich: Wenn das so ist, dann muß dies so sein – und so fort. Dann kommt eine Hypothese, und die muß ich verifizieren. Das Wunderbare dabei ist, daß ich dann zufällig auf andere treffe oder entsprechende Patienten kennenlerne oder daß mir Bücher in die Hand fallen, die sich genau mit meinem Problem auseinandersetzen. Dann kann ich meine Hypothese oder die neuentwickelte Methode überprüfen.

Als ich zum Beispiel die psychoperistaltische Theorie entwickelt hatte, arbeitete ich in einem Landeskrankenhaus. Eines Morgens dachte ich: Heute will ich etwas früher hingehen und in der Bibliothek sehen, ob ich nicht etwas zur Darmperistaltik finde. Natürlich habe ich nichts gefunden. An jenem Morgen fand aber eine Klinikbesprechung mit allen Ärzten und Psychologen statt. Um noch pünktlich zu erscheinen, ließ ich in der Eile irgendwo in der Bibliothek mein Notizbuch liegen. Ich war so bange, daß einer der Psychiater meine Notizen lesen würde, daß ich noch während der Besprechung in die Bibliothek zurückging, um sie zu holen. Nun war gerade der Chefarzt dort und telefonierte. Er machte mir Zeichen, mich zu setzen und zu warten. Da sein Gespräch sehr lange dauerte, blätterte ich eine herumliegende norwegische Ärztezeitung durch, und plötzlich fand ich einen Artikel von einem Professor Setekleiv.[6] Er hatte bei Untersuchungen zwei verschiedene Verdauungsgeräusche gefunden. Die einen führte er auf die Verdauung von Essen zurück, die anderen auf Flüssigkeit in den Darmwänden. Da er deren Funktion nicht zu deuten wußte, nannte er sie die X-Funktion, das »Kopfweh der Internisten«. Eben dieses »Kopfweh«-Phänomen ist die Basis meiner Psychoperistaltiktheorie: die Funktion der Flüssigkeit ist der Selbstheilungsprozeß des Verdauungssystems, er eliminiert Giftstoffe aus dem Körper.

Erstaunlicherweise finde ich immer genau die Patienten, die ich brauche, um eine neue Theorie zu verifizieren. Ich hatte gerade die Auratheorie entwickelt, als ich ein Seminar für Ärzte gab. Am Abend, wir saßen alle beim Essen, kam einer zu mir und sagte, daß eine seiner magersüchtigen Patientinnen gerade einen Darmstillstand hat. Eine Operation kam angesichts ihres abgemagerten Zustandes nicht in Betracht. Also fragte er mich, ob ich etwas tun könne.

Ich hatte zwar eine Theorie entwickelt und inzwischen auch die dazugehörige Methode, aber ich hatte sie bis dahin noch nicht ausprobiert. Ich ging davon aus, daß um den Körper ein bioelektrisches Feld, die Aura, besteht; Blockierungen der Energie auf dieser Ebene bewirken, so meinte ich, eine energetische Dichte um den Organismus, die im Körper den Libidofluß behindert. Besonders die absteigenden, vegetativen und angstlösenden Strömungen werden auf diese Weise behindert. Aber wie das in einer konkreten Situation sein würde, wußte ich nicht. Ich nahm ein Stethoskop; es gibt immer einen Punkt, der wie ein Schlüssel zum Krankheitsgeschehen funktioniert. Irgendwo auf dem Körper oder in der Aura existiert ein geladener Spannungsort, der in Verbindung mit der psychischen Spannung steht. Bei Berührung kann dieser Ort die Psychoperistaltik aktivieren. Wenn man diesen »Schlüssel« findet, tritt eine Kettenreaktion ein, und die Symptome schmelzen sofort.

Ich habe gesucht und gesucht. An dieser magersüchtigen Patientin, bei der alle Verdauungsfunktionen aufgehört hatten und in einem Krampf kulminiert waren, fand ich den Schlüssel an einer winzigen Stelle ihres Kinns. Dort lag ein kleiner Knoten unter der Haut, in dem die angesammelte Energie von Trotz sich verdichtet hatte. Es war der ganze unbewußte Trotz gegen das Essen, gegen Verdauung, gegen das Leben, ein Trotz, der übrigens eines der gemeinsamen Merkmale aller an Magersucht leidender Menschen ist. Die Energie, die am Kinn in einem vibrierenden Knoten von Stecknadelkopfgröße saß, war mit keiner medizinischen oder gewöhnlichen Massagebehandlung erreichbar. Psychodynamik kann nicht gemessen werden, weder nach Gewicht noch nach der Zeit, noch kann man mit dem Finger auf sie zeigen. Dennoch spürte ich unter meiner Fingerspitze in diesem kleinen Punkt an ihrem Kinn Jahre des Trotzes, der Schmerzen, Verletzungen und Wut. Dort war eine ungeheure Lebensenergie in

Form eines Krampfes gebunden. Mit einer bestimmten Methode, die ich »Biofeld« nenne, habe ich diese Energieladung erlöst und aus der Aura herausgeholt. Die Krämpfe haben sich plötzlich aufgelöst, die Patientin nahm einen tiefen Atemzug, und ihr Körper konnte wieder arbeiten.

Nicht nur die Ärzte, die die Darmgeräusche mit ihren Stethoskopen verfolgt und die Wirkung meiner Tätigkeit erlebt hatten, waren erstaunt. Ich war es auch! Wir alle, die wir um die todkranke Patientin versammelt waren, konnten es kaum glauben. Die peristaltischen Darmgeräusche folgten jeder kleinen Bewegung meiner Hände, die sanft durch die Luft gingen, folgten ihnen auch dann, wenn ich einen halben Meter oder noch weiter von der Haut der Patientin entfernt war. Ich wußte nun, daß das, was ich theoretisch über die Aura und das »Bioenergetische Feld« entdeckt hatte, auch in der Praxis funktionierte.

Seit dieser Behandlung hat die Aura- und die Biofeldmethode eine zentrale Stellung in meiner Arbeit eingenommen. Und so war es immer: wenn ich eine Theorie entwickelt hatte, fand ich auch den »passenden« Klienten. Es ist phantastisch.

Entsprechend meiner breiten Ausbildung habe ich als Psychologin Psychodiagnostik und Psychotherapie, als Physiotherapeutin habe ich Vegetotherapie gemacht und mit der Massage Psychoanalyse, aber am Körper. Mit den Jahren habe ich in meiner Arbeit diese drei verschiedenen Teile zusammengebracht. Psychoanalyse und Heilen sind eigentlich wie Hund und Katze. In meiner Arbeit kommen sie jedoch zusammen.

Meine »Biodynamische Psychotherapie« setzt beim Körper an. Das Unbewußte kommt vom Körper. Die Lebensenergie ist das, was die Akupunktur Chi- bzw. Ki-

Energie nennt, sie ist das Prana des Yoga, der élan vital, Messmers Animalmagnetismus und das, was Freud Libido nannte. Man verbindet Libido immer mit Sex, aber die Libido ist Süßigkeit im ganzen Körper, und zwar Süßigkeit und Wohlbefinden durch das Am-Leben-Sein. Alle Menschen haben dieses Wohlbefinden. Ich nenne es das »unabhängige Wohlbefinden«. Aber wir verlieren es. Das Kind wird manipuliert, die entscheidende Zuwendung und damit sein Wohlbefinden bekommt es nur von der Mutter oder von Mutter und Vater. Später gerät es in die gleiche Abhängigkeit von anderen Menschen. Das ist das, was ich als das »abhängige Wohlbefinden« bezeichne. Es ist genaugenommen eine Katastrophe, denn durch diese Manipulation wird man symbiotisch. Das eine Ziel meiner Arbeit besteht deshalb darin, das unabhängige Wohlbefinden wiederherzustellen.

Alle Organe haben zwei Funktionen: eine physiologische und eine esoterische. Beim Herzen kennen wir das. Man liebt mit Herz, man hat Haß im Herzen, man hat ein gebrochenes Herz. Mediziner sagen: »Das ist eine Blutpumpe« – was das Herz auch ist. Aber es hat eben noch eine andere Seite. Auch der Darmkanal hat zwei Funktionen: die eine ist die Verdauung von Essen, die andere ist energetisch. Das beinhaltet das Verdauen von psychologischen Konflikten, residualen Emotionen, Nervosität und Streß. Wir können von einem Prozeß der »Neurodigestion« sprechen. Mit Hilfe der Stethoskopmethode kann man peristaltische Geräusche hören und so den neurodigestiven Vorgang verfolgen und stimulieren. Ich betrachte die Entdeckung der Psychoperistaltik als meinen wichtigsten Beitrag zur Psychotherapie und zur psychosomatischen Behandlung.

Die Neurodigestion ist mit den Muskeln und unserer Psychologie verbunden. Nach meiner Theorie sitzt das

Energiereservoir im Knochen des Beckens, von wo aus es in Notfällen heraufsteigen kann und wohin es zurückkehren wird, wenn der Notfall vorbei ist. Dort ist zugleich der Ort, an dem die Energie unterdrückter Gefühle und Traumatisierungen gespeichert wird. Deshalb kann die therapeutische Arbeit, das Becken zu lockern, so wirkungsvoll sein.

Es ist wichtig, daß ein Therapeut sich der psychologischen und energetischen Funktionen der Peristaltik und des ganzen Verdauungskanals bewußt ist. Ich bezeichne diesen Kanal in Verbindung mit dem korrespondierenden Nervengeflecht und zusammen mit dem Nervengeflecht der Sexualorgane als den »Es-Kanal«, durch den die zutiefst unbewußte Energie aus dem Becken in den Körper hinauf kanalisiert wird. Wilhelm Reich hatte festgestellt, daß diese Energie – er nannte »Orgonenergie«, was wir »Bioenergie« und die Russen jetzt »Bioplasmaenergie« nennen – im Knochen und vor allem im schwammartigen Spongiosagebälk der Hüften sitzt. Meine Behauptung ist, daß die Kanalisierung der emotionalen und der psychosexuellen Energie und der »Es-Kanal« wie auch das selbstregulierende Prinzip der Psychoperistaltik miteinander in Beziehung stehen. Diese Sichtweise ermöglicht ein tieferes Verständnis des vegetativen Systems in bezug auf unterdrückte Gefühle und einen methodischen Zugang zur psychotherapeutischen Arbeit an der Auflösung von Neurosen. Das ist ein weiterer Schritt in der Anwendung der reichianischen Methode, der Vegetotherapie.

Vereinfacht gesagt sehe ich das so: die Bioenergie ist mit biochemischen Prozessen und mit dem Blut verbunden. Wenn wir starke Gefühle haben, werden Hormone ausgeschüttet, der Sympaticus aktiviert, und die Gefühlsenergie kommt in unseren Gefühlskanal. Dieser Gefühlskanal liegt in den Wänden des Darmkanals. Im Darmkanal sind die Gefühle noch auf einer unbewußten Ebene, weit weg von einer bewußten Wahrnehmung und also vom Ich und deshalb auch vom Verstehen und einer möglichen Integration. Zu diesem Zeitpunkt hast du Bauchschmerzen und kannst Magengeschwüre kriegen. Aber dann, wenn die Gefühlsenergie durch das Zwerchfell kommt und in die Brust gelangt, kommen die Angstgefühle. Wenn sie dann in den Kopf kommt, dann kannst du mit dem Kopf die Zusammenhänge verstehen und in ein Gesamtverständnis integrieren. Aber du kannst ebensogut Terrorgefühle und Psychosen kriegen.

Dieser Mechanismus aufsteigender Energie kann gestört werden. Dann entwickelt man Symptome. Aufsteigende Gefühlsenergie muß, wenn eine Gefahr vorüber ist und man das, was passiert ist, verdauen könnte, wieder hinabsteigen. Die Muskeln sollen sich entspannen. Dann kann die Energie wieder nach unten sinken – und das ist so ein schönes Gefühl! Es ist wie ein Schmelzen. Wenn Energie aufsteigend ist, merkt man, wie man irrational und archaisch wird, voller irdischer Wut und Subjektivität. Aber wenn diese Energie im Kopf, den ich den himmlischen Pool nenne, angelangt ist, geht sie alle unsere Membranen und Faszien wieder hinunter, und dann fühlst du, wie du ruhig wirst. Wenn diese Verdauung deine Nervosität verarbeitet hat, sollte kein Nervositätsrest und keine Verdrängung, sondern nur eine Erinnerung übrigbleiben. Wenn dieser Ablauf stattfinden kann, können Neurosen nicht entstehen und Gewebspanzer nicht aufgebaut werden, weil der emotionelle Kreis geschlossen ist.

Kann der Kreis nicht geschlossen werden, bleiben die unverdauten neurotischen Produkte im Körper. Wir haben nicht nur, um es mit Freud zu sagen, einen zerebralen oder einen muskulären Panzer, wie Wilhelm Reich es sah, sondern wir haben – so habe ich gefunden – auch einen viszeralen Panzer, also einen Darmpanzer, und alle diese Panzerungen stehen in einem Zusammenhang als ein Gewebspanzer des ganzen Körpers.

Alle diese Überlegungen waren durch nichts beeinflußt. Ich lebte in einem konventionellen Milieu, niemand war an meinen Überlegungen interessiert. Mein Psychotherapeut Dr. Raknes hatte gesagt, es sei nicht erlaubt zu lesen, ich solle lieber experimentieren und eigene Erfahrungen machen. An der Universität sprach man von Freud, aber nicht von Reich, und zu alledem hatte ich immer Schuldgefühle, weil ich Kinder zu Hause hatte. Ich führte eine Art Doppelleben. Um Frieden im Haus zu haben, hielt ich das Haus schön und war da wie eine Puppe. Wenn ich aber einmal keine Puppe war und müde aussah, dann war es schrecklich. Für mich war es die Hölle, auch für die Kinder war das schlimm. Mein Mann konnte schon wütend sein, wenn meine Haare nicht richtig frisiert waren. Meine Bücher wollte er gar nicht erst sehen. Auch die Freunde meines Mannes sagten, ich hätte nicht heiraten sollen, wenn ich unbedingt studieren wollte. Da ich jung und mädchenhaft aussah, wurde ich zu alledem von allen Seiten patronisiert. Mein Mann wollte immer, daß ich mit ihm fernsehe, daß ich gesellig sein sollte. Ich tat es, ich ging auch mit ihm zum Angeln; dann war er, immerhin der Vater meiner drei Kinder, ruhig. Dabei ging mir aber meine Arbeit immer weiter durch den Kopf. Meine Überlegungen notierte ich und verwahrte sie in einer Schublade im Büro. Meiner Mutter konnte ich vieles erzählen, aber im Grunde war ich mit meinen Überlegungen immer allein. Ich war in dieser Zeit sehr einsam, aber ich denke, daß mir das Stärke gegeben hat.

Mit der Zeit wurde ich eine angesehene Psycho- und Physiotherapeutin. Ich arbeitete damals in der Stadt. Mein

Büro lag so hoch, daß es drinnen dennoch ganz ruhig war. Irgendwann kam dann mein Mann auf die Idee, daß ich zu Hause arbeiten sollte. Ich sollte näher bei ihm sein.

Als ich anfing, Patienten zu Hause zu behandeln, rief einer nach dem anderen an und beklagte sich. Sie litten verstärkt unter verschiedenen Symptomen und wurden manchmal sehr krank. Nach einigen Überlegungen verstand ich eines Tages, daß die Klienten, die vermehrt Probleme hatten, diejenigen waren, die zur Zeit des Berufsverkehrs gekommen waren. Mein Arbeitszimmer ging zur Straße, und ich hatte die Geräusche der emotionellen Verdauung gar nicht hören können. Deshalb hatte ich zu tief gearbeitet und zuviel provoziert. Damals kam ich auf die Idee, mit einem Stethoskop zu arbeiten. Seitdem konnte mich der Verkehrslärm nicht mehr stören, außerdem konnte ich die Darmgeräusche differenzierter hören. Auf diese Weise entstand meine Stethoskopmethode.

Mit dem Stethoskop konnte ich nun den Verlauf einer Behandlung überprüfen. Aber mir schien es ebenso erforderlich, einen Weg zu finden, wie ich mit dem Körper und mit Massagetechniken arbeiten konnnte, ohne zu tief liegendes emotionelles Material hervorzuholen. Ich wollte langsam anfangen können und mit emotionellen Verdrängungen arbeiten, die nahe am Bewußtsein sind. Wenn ich zu tief arbeite, können viele Patienten das, was hochkommt, nicht annehmen und dementsprechend emotionell nicht verarbeiten und integrieren. Da beobachtete ich, daß sich die verschiedenen Symptome reduzierten und die Behandlung besser zu steuern war, wenn ich nicht mit den Muskeln, sondern mit der Muskelhaut arbeitete. Die ganze Behandlung wurde jetzt behaglicher, weniger dramatisch.

Ich begann, mit der Muskelhaut, den Faszien, zu arbeiten, und kam zu der Auffassung, daß sie die Leitbahnen der Energie sind. Unter meinen Fingern spürte ich, daß in den Muskelhäuten manchmal Flüssigkeitsstauungen waren. Wenn ich daran arbeitete, vermehrten sich die Darmgeräusche. Die Flüssigkeitsstauungen verschwanden, und gleichzeitig verschwanden die Symptome. Oft mußten die Patienten dann zur Toilette gehen und Wasser lassen.

Ich begann, bewußt an diesen Entdeckungen zu arbeiten, und vermutete, daß die emotionelle Energie in die Muskelhaut geht. Wenn die emotionelle Energie nicht abfließen kann, beginnt sie, sich in der Muskelhaut zu stauen. Wenn diese Flüssigkeitsansammlungen lange Zeit da sind, wird die Blutzirkulation gestört, und die Muskelhaut gerät in einen immer schlechteren Zustand. Eines Tages las ich dann, daß 1880 zwei deutsche Forscher, Kraus und Sonndeck, bei Sektionen von psychotischen und neurotischen Menschen gefunden hatten, daß die Muskelhaut geschrumpft und teilweise zerstört war. So kreuzte wieder einmal etwas meinen Weg, das eine Theorie, die ich gerade entwickelt hatte, bestätigen konnte.

Wilhelm Reich war der Auffassung gewesen, daß Energie Flüssigkeit zieht. Ich kam zu der Auffassung, daß diese Flüssigkeit, die ich in der Muskelhaut fühlte, sich am Übergang zwischen Nerven und Muskeln, also an der neuromuskulären Endplatte zwischen beiden befindet. In der »Biodynamischen Psychologie« bringe ich diese zwei Dinge in einen Zusammenhang. Die Flüssigkeitsansammlung findet sich genau an dem Ort, wo sich Emotionen – die in Beziehung zum vegetativen Nervensystem stehen – und Verhalten – das in Beziehung zum motorischen, willentlich beeinflußbaren muskulären System steht – zusammentreffen. Man könnte auch weitergehen und es folgendermaßen sagen: Gefühlsenergie staut sich dort, wo der Impuls aus dem Unbewußten mit dem Es, dem bewußten Verhalten, dem Ego konfrontiert wird. Wenn das Ego sich in einem Konflikt befindet, ob es diesen Impuls zulassen soll oder nicht, wird eine Gefühlsenergieansammlung an den Synapsen zwischen den relevanten Nerven und dem Muskel stattfinden. Dauert dieser Konflikt an, wird die emotive Ladung weitere Flüssigkeit ziehen, die wiederum vermehrt auf die Nervenenden drückt.

Das Ergebnis sind verschiedene Arten nervöser Symptome oder psychosomatischer Schmerzen. Die Spannung, die den Impuls aus dem Unbewußten zurückhält, wirkt wie eine somatische Zensur und kann analog zum Freudschen Begriff des Über-Ich gesehen werden. Das mögen weit hergeholte Gedanken sein, aber zu der Zeit, als ich an der Formulierung dieser Thesen arbeitete, berichtete ein Biochemiker auf einer Konferenz in Uppsala 1964 zu meiner Überraschung, daß er herausgefunden habe, daß Nervosität, Depression, Angst, Psychosen ebenso wie psychosomatische Symptome von einem Flüssigkeitsstau zwischen den Nervenenden und der neuromuskulären Endplatte kommen.

Mit Psychopharmaka kann man Symptome coupieren oder reduzieren, aber damit baut man meiner Meinung nach nur einen Psychopharma-Gewebspanzer auf. Ich stellte fest, daß ich mit meiner Stethoskopmethode auch psychotische Störungen beheben konnte. Mit Hilfe der Massage schließe ich den ursprünglichen Konfliktkreis. Ich kann so arbeiten, daß Erinnerungen und Gefühle hochkommen. Wenn dann die Einsicht in die Zusammenhänge des Leidens kommt, wird die Massage psychotherapeutisch.

Ich hatte fast zwanzig Jahre ein Doppelleben geführt. Es war mir schon zur zweiten Natur geworden, aber irgendwann wußte ich, daß ich mich scheiden lassen mußte. Ich wußte nur nicht, wie ich es anstellen sollte. Mein Mann hatte ein solches Temperament, daß mir physisch bange war, es ihm zu sagen.

In jener Zeit war ich einmal im Hause meiner Schwester und blickte auf den Fjord. Das war so schön, und ich wurde so traurig, daß ich anfing, ein Buch zu schreiben. Es war ein Roman über eine manisch-depressive Frau. In gewisser Weise war es eine Beschreibung meiner eigenen Therapie. Als ich das Buch fertig hatte, dachte ich: Ich muß einen Verleger haben. Er muß Amerikaner sein, weil er Reich verstehen muß, und er muß nicht nur Psychologie, sondern auch Romane herausgeben.

Eines Tages klingelte dann das Telefon. Aus Kopenhagen rief jemand an und sagte: »Mein Name ist Mark Refken, ich bin amerikanischer Verleger und habe Freud und Reich herausgegeben.« »Vielleicht können Sie auch meine Bücher herausgeben?« habe ich gefragt. »Wenn sie gut sind, ja, wenn sie schlecht sind, nein. Ich komme nach Norwegen, dann können wir weitersehen.«

Später habe ich erfahren, daß eine meiner Töchter ihm in Kopenhagen begegnet war und von meiner Arbeit erzählt hatte. Wie angekündigt, kam er nach Oslo. Er hatte den Begründer der Psychodramatherapie, Moreno[7], nach Amerika gebracht und ihn dort verlegt. Nun wurde er der Verleger meines grundlegendsten Werkes.[8] Da wurde mein Mann so eifersüchtig, daß er mich geschlagen hat. Daraufhin bin ich gegangen.

Mark und ich verliebten uns ineinander und wollten heiraten. Er sagte: »Du mußt nach England gehen. Norwegen ist eine Provinz.« Er war von meinen Theorien so beeindruckt, daß er über mich sprach, als sei ich eine große Therapeutin und Theoretikerin. Ich war aber nur eine Frau, die verliebt war. Da hat er gesagt: »Ich sehe, daß ich dich in deiner Entfaltung störe. Du mußt deinen eigenen Weg finden. Ich sehe sonst kommen, daß du deine Profession mit mir verlierst. Wenn du dich in London etabliert hast, komme ich, dann können wir heiraten.«

Dann ist er verschwunden. Das war etwa 1966 oder '67, ich war damals fünfundvierzig Jahre alt.

Da geschah etwas, was ich einen transzendentalen Zufall nenne. Meine große Liebe war verschwunden, und ich wußte, ich konnte ihn nicht haben, bevor ich mich nicht in London etabliert hatte. Ich sagte zu meinen Kollegen: »Ich gehe nach London.« Natürlich fragten sie, was ich denn dort machen wolle. »Psychotherapie, dasselbe wie hier.« Dann haben sie gesagt: »Du solltest aber nicht Free-lancer-Psychotherapeut in London werden. Du solltest im Krankenhaus Tavistock arbeiten. Das hat einen ausgezeichneten Ruf.« Da dachte ich: kriege ich ein Angebot von Tavistock, dann gehe ich hin. Aber ich selbst mache nichts.

Zufällig kam in jenen Tagen ein englischer Psychologieprofessor nach Oslo, der von mir gehört hatte und meine Behandlung kennenlernen wollte. Ich erzählte ihm von meinen Umzugsgedanken, woraufhin er mir anbot, in Tavistock zu arbeiten. Zwei Briefe hat er mir noch geschrieben, aber ich habe sie nicht beantwortet. Ich hatte in der Zeit viel zu tun. Ich war leitende Psychologin am Vinderen-Universitätskrankenhaus, eine der besten Stellungen, die eine Psychologin in Oslo überhaupt erreichen kann. Natürlich konnte keiner meiner Kollegen verstehen, daß ich dies alles aufgeben wollte. Aber obwohl ich einen guten Beruf hatte und angesehen und ziemlich bekannt war, wurde Norwegen zu einer Art Behinderung der Möglichkeiten, die ich in meiner Methode sah. Zum einen konnte ich nie über »Bioenergie« sprechen, zum anderen wurde mir vorgeworfen, verschiedene Kategorien durcheinanderzubringen, wenn ich von der peristaltischen Beziehung zu Gefühlen und zur Verdrängung sowie von den Beobachtungen sprechen wollte, die ich bei der Behandlung von Geisteskrankheiten mit meiner Methode gemacht hatte. Meine Ergebnisse wurden in Fachkreisen gewürdigt, aber nichts von der dahinterstehenden Theorie wurde akzeptiert. Ich konnte meine Methode nicht einmal demonstrieren. So war ich auch in beruflicher Hinsicht bei einem Doppelleben gelandet, und von Doppelleben hatte ich allmählich genug. Es war Zeit für mich, aus Norwegen herauszukommen.

Eines Tages war ich in Oslo in der Stadt und traf eine Freundin aus der Physiotherapieschule. Die feixte und lachte: »Ich dachte, du bist in London, Gerda, du bist ja doch noch hier...« Ich war so schrecklich wütend, daß ich von zu Hause in Tavistock anrief. Die Leiterin des Krankenhauses kam ans Telefon, aber es klang alles gar nicht so gut, wie ich erwartet hatte. Ich wußte nicht, daß mein Anruf sie in einer Besprechung unterbrochen und daß sie einen langen Weg zum Telefon gehabt hatte. Ich telefonierte daraufhin mit Ursel Könerskat, der Professorin, bei der ich Kinderpsychologie gehört hatte, und sagte: »Ich möchte nach London gehen und an der Anna-Freud-Kinderklinik arbeiten.« Daraufhin sagte sie: »Ja, ich gehe auch nach London, kommen Sie zur norwegischen Botschaft in London am Dienstag um zwei Uhr.« Da konnte ich nicht mehr sagen, ich will doch nicht nach London gehen. Da mußte ich.

Ein anderer, zeitlich gut geglückter Zufall kam hinzu. An einem Montag war ich in der Stadt, mit meinem neuen Auto, in einer Seitenstraße hatte ich plötzlich eine Panne, stieg aus und stand vor meinem Psychoanalytiker, Dr. Ola

Raknes. Ich hatte ihn mehrere Jahre nicht gesehen. Er sagte: »Du gehst nach London, habe ich gehört. Ich habe dort Patienten, zu denen ich regelmäßig hingefahren bin, aber ich bin jetzt zu alt dafür. Hier ist der Name meines Sekretärs. Er wird dir alle Namen meiner Klienten geben.«

Ich zog also nach England und ließ mich als Vegetotherapeutin und Reich-Analytikerin in London nieder. Mit dem wachsenden Interesse und in einem Klima, in dem neue Ideen und psychotherapeutische Methoden stimuliert wurden, war London der naheliegendste Ort für mich. Ich hatte viele Klienten und ein aufregendes berufliches Umfeld, in dem der Begriff »Bioenergie« so gängig war wie »Brot und Butter«.

Natürlich kam dann etwas später mein Geliebter, der Verleger, nach London und wollte, daß wir heiraten. Er ist aber kurz nach seiner Ankunft an einer Lungenentzündung gestorben. Da war ich wieder allein und warf mich in die Arbeit. Bald kam jemand und fragte, ob ich nicht in diesem Land arbeiten wolle, dann kam ein anderer, ob ich nicht in jenem Land arbeiten wolle: so fand meine Methode immer mehr Verbreitung, obwohl ich selbst eigentlich nichts dazu getan hatte.

Der letzte Wendepunkt in meinem persönlichen Leben war meine Wiederverheiratung vor inzwischen acht Jahren. Mein Mann unterstützt mich heute gerade in dem, was mir besonders schwerfällt. Die Arbeit, die ich habe, erfordert sehr viel Organisation, und das ist nicht meine starke Seite. Man muß in Kontakt mit seiner männlichen Seite sein; lange Zeit war ich das nicht. Es war wie ein Hemmblock zwischen meiner weiblichen und meiner männlichen Seite. Aber auch dieser Block löst sich, inzwischen komme ich immer mehr auch mit meiner männlichen Seite in Kontakt.

Es gibt Momente, in denen man hart sein und kämpfen können muß. Heute sind wir in einer Situation, in der viele ihre Arbeit als »biodynamisch« bezeichnen. Wenn jemand zum Beispiel in einer Gruppe war oder ein bißchen Ausbildung mitgemacht hat und dann entweder unter meinem Namen und unter dem Namen »Biodynamik« arbeitet, ohne jedoch die entsprechende Qualität zu haben, wird es schwierig. Deshalb bedaure ich heute sehr, daß ich meine Arbeit nicht von vornherein »Boyesen-Arbeit« genannt habe. Ich hatte von Anfang an das Gefühl, daß meine Methode auch meinen Namen haben sollte. Meine Töchter aber waren der Meinung, daß man die Arbeit unpersönlicher bezeichnen sollte. So haben wir sie »Biodynamische Arbeit« genannt. »Biodynamik« ist ein guter Name. Ich will ihn behalten, aber ich muß auch versuchen, ihn zu schützen, und zwar um einer bestimmten Qualität willen. Auch mit meinem Sohn Paul Boyesen ist es sehr schwierig, weil er seine eigenen Methoden entwickelt hat. Es sind sehr gute Methoden, aber sie sind anders. Deshalb muß ich immer »Gerda-Boyesen-Methode« sagen.

Damit will ich auf keinen Fall behaupten, daß nur meine Methode gut ist. Im Gegenteil. Ich fühle, es ist ein himmlischer Plan in der Welt, daß alle diese wichtigen und schönen Methoden entstanden sind, und ich glaube, daß sie daran arbeiten, die Welt zu verändern. Wenn wir teilweise zu ähnlichen Ergebnissen kommen, liegt es daran, daß es etwas gibt, was ich die universelle Wahrheit nenne. Wenn man mit der Lebensenergie arbeitet, dann geht es um die Wahrheit der Lebensenergie, um die Wahrheit des Lebens, und dann ist es selbstverständlich, daß wir oft zu entsprechenden Theorien kommen. Wir leben in einer Periode, in der etwas Neues, Spirituelles passiert. Man kann sagen, man versteht es nicht, aber es ist so wie mit den Pilzen. Zuerst sind sie lange Zeit unter der Erde, aber dann schießen sie plötzlich hoch. Natürlich würde ich die Menschen, die die verschiedenen Methoden entwickelt haben, gerne kennenlernen, aber ich denke, daß viele so sehr in ihren eigenen Theorien versunken sind, daß ich mich sicher von ihnen beeinflussen lassen würde. Deshalb fühle ich, daß ich erst meine eigenen Bücher schreiben muß, bevor ich den anderen Methoden begegne. Dann aber will ich die Brücke schlagen.

Psychomotor Therapie
Liljan Espenak

»Es ist viel einfacher, daran zu denken, seine Schultern sinken zu lassen, als daran, daß man Mut haben möchte.«

New York, 23.3.1988

Die PT ist ein System, in dem man sich emotionalen Inhalten, die sich im Tanz ausdrücken, mit dem psychodynamischen Verständnis der verbalen Psychotherapie nähert.

Der eigentlichen Therapie geht eine genaue Diagnosestellung voraus. Der »Movement Diagnosis Test« besteht aus einer Serie von sieben Bewegungsformen. Aus dem Alltag werden Situationen abgeleitet, in denen die verschiedenen Bewegungsformen vorkommen und so als Diagnostika verwendbar werden: Gehen, Sitzen, Auf-die-Spitze-Steigen, Gegen-eine-Wand-Lehnen, Schieben und Sich-Biegen. Diese Bewegungsformen prüfen den dynamischen Antrieb, die Fähigkeit, diesen Antrieb zu kontrollieren, körperliche Koordinationsfähigkeit, physische und emotionale Belastbarkeit, die Aufmerksamkeitsspanne, das Selbstbild sowie die gegenwärtige emotionale Verfassung.

In Anlehnung an die Individualpsychologie Alfred Adlers[1] *wird die Ursache psychischer Störungen in unterdrückten Aggressionen gesehen, in einer unangemessenen Weise, dem Grundbedürfnis nach sozialer Integration nachzukommen, in Minderwertigkeitsgefühlen und ihrem Gegenspieler, den unangemessenen Überlegenheitsvorstellungen sowie in einem schädigenden Lebensstil, also in dem Grundmuster, nach dem das eigene Leben strukturiert wird.*

Das praktisch-therapeutische Konzept der Psychomotor Therapie läßt Raum für eine eklektische, den spezifischen Erfordernissen des Patienten angepaßte Vorgehensweise.

Die Methoden der Psychomotor Therapie, insbesondere ihre Verknüpfung von funktionellem Körperaufbau, persönlichen Körperhaltungen und der Weise, in der diese Haltungen den Spiegel innerer Zusammenhänge darstellen, sind inzwischen zum konstitutiven Bestandteil tanztherapeutischer Ausbildungen geworden. Dementsprechend werden sie vor allem in solchen Rahmen angeboten.

Ich komme aus Bergen, einer kleinen Stadt in Norwegen. Es gab in Bergen eine Tanzschule, vielleicht auch zwei; für ein Mädchen »aus gutem Hause« gehörte es dazu, daß sie in einem bestimmten Alter zum Tanzunterricht ging. Man konnte das eigentlich nicht richtig Tanzen nennen. Es war eher so eine bürgerliche Ergänzung der Bildung. Ich war ein sehr normales, durchschnittliches Bergener Mädchen, und dementsprechend kam auch ich irgendwann an die Reihe. Ich gehörte aber nicht zu diesen »Ballettmäuschen«, die immerzu davon träumen, Tänzerin zu werden. Ich war nicht einmal besonders lange im Tanzunterricht. Es müssen knappe neun Monate gewesen sein. Am Ende dieser Zeit, daran erinnere ich mich wie heute, hörte ich, daß die anderen Mädchen aufgefordert worden waren, zu Proben für eine Aufführung zu kommen. Ich war sehr verletzt, nicht dabei zu sein, bis ich erfuhr, daß ich ein Solo tanzen sollte!

Zum kaufmännischen Geist, der in der ehemaligen Hansestadt Bergen sehr bestimmend war, gehörte es, daß man die Welt sehen und kennenlernen sollte. Mein Vater

war Aktienmakler an der Börse. Also konnten es sich meine Eltern leisten, alle meine Schwestern ebenso wie mich für ein Jahr oder länger ins Ausland zu schicken. Eine ging nach England, eine nach Frankreich, und ich ging siebzehnjährig nach Dresden in Deutschland.

Man hat mir in sehr jungem Alter Freiheit erlaubt. Das hat mir geholfen, mich freier als andere nach innen zu entwickeln und den Mut zu finden, ich selbst zu sein. Aus den schwierigen Teenagerjahren, in denen man ausbrechen möchte, ohne es recht zu können, und also sich selber zu unterdrücken lernt, kam ich ziemlich ungeschoren davon. Da ich nun aber in Dresden in ein ganz anderes Milieu kam, mußte ich viele meiner Auffassungen neu bedenken oder auch revidieren. Das war der Zeitpunkt, an dem ich begann, mich nicht mehr darum zu scheren, was andere Leute über mich denken.

Mary Wigman Tanz der Seherin

Während des Aufenthaltes in Dresden sah ich eine Aufführung von Mary Wigman[2] und ihrer Tanzgruppe. Das war nun doch etwas anderes als die Aufführungen, die ich in Bergen gesehen hatte. Ich hatte nicht einmal gewußt, daß es so etwas überhaupt gab. Für Mary Wigman war die Kunst, wie sie einmal sagte, »eine Mitteilung des Menschen an die Menschheit in einer über das alltägliche Geschehen erhobenen Sprache«. Die Kunst, so meinte sie, spricht zu uns im Gleichnis und in Symbolen. Auf der Grundlage der natürlichen Bewegung setzte sie sich in den von ihr gestalteten Tänzen auf eine unerhört ausdrucksstarke Weise mit der Existenz des Menschen auseinander. Frauenleben, Tod, Opfer und die verborgenen Seiten der eigenen Seele waren Themen, um die ihre Kunstwerke kreisten. Seit dieser Aufführung war mir klar, daß es genau das war, was ich unbewußt immer gesucht hatte.

Mein Vater kümmerte sich nicht um Frauenfragen, aber meine Mutter war natürlich sehr daran interessiert, daß ich in ein geregeltes Leben kam. Ich sollte also am besten heiraten und Kinder kriegen, und das Ganze natürlich auch noch in Bergen. Ich wollte aber bei Mary Wigman eine Ausbildung machen. Ich bat meine Eltern, meine ehemalige Tanzlehrerin nach ihrer Meinung zu fragen. Dabei hatte ich natürlich nicht gesagt, daß ich Tänzerin, sondern daß ich Tanzlehrerin werden wolle. So entstand bei meinen Eltern der Eindruck, daß ich nach der Ausbildung zurück nach Bergen kommen und *die* Bergener Tanzlehrerin werden würde.

Meine alte Lehrerin kannte die Wigman-Methode und kündigte sogar an, mich vielleicht anstellen zu wollen, wenn ich die zweijährige Ausbildung gemacht hatte. Das war vielleicht etwas für eine Kaufmannsfamilie! Du hast eine Stelle, bevor du überhaupt die Ausbildung begonnen hast...

Die Ausbildung hätte zwei Jahre gedauert. Noch bevor diese Zeit um war, verabschiedete Mary Wigman mich vor den Sommerferien mit den Worten: »Wenn Sie wiederkommen, Liljan, werden wir uns im Namen der Tanzgruppe begrüßen.« Eine sehr elegante Weise, mir zu sagen, daß ich in Zukunft zur »Gruppe« gehören sollte. Es war so gut wie ein Vertrag.

Nachdem ich zwei Jahre in der Tanztruppe mitgearbeitet hatte, zog es mich fort. Ich wollte ein bißchen mehr von der Welt sehen und ging nach Paris. Als ich nach einem Jahr wiederkam, fragte Mary Wigman mich, ob ich ihre Assistentin in Berlin werden wolle. Natürlich wollte ich.

An der Wigman-Schule in Berlin waren wir zu zweit. Meine Kollegin war eine ziemlich aggressive Frau, ich war eher schüchtern, und da ich das Gefühl hatte, an der Schule in eine zunehmend unwichtigere Rolle gedrängt zu werden, ging ich weg und machte eine eigene Schule auf. Vom Provinzialkollegium bekam ich die »Große Genehmigung«, die mich berechtigte, gültige, staatlich anerkannte Diplome zu vergeben.

Eines Tages dann bekam ich eine Einladung in die Städtische Oper Berlin. Lizzi Maudrick, die damalige Ballettmeisterin, fragte mich, ob ich nicht Solotänzerin werden wolle. Für eine Tänzerin war das ein sehr gutes Angebot, das niemand abgelehnt hätte. Aber Hitler war schon seit einer Weile an der Macht, und mir war klar, daß ich nicht an der Städtischen Oper angestellt sein könnte, ohne Parteimitglied oder zumindest erkennbar auf der Linie der Partei zu sein. Ich war aber in tiefster Seele gegen diesen Unsinn. Ich liebte Deutschland und fühlte mich in gewisser Weise betrogen, ich hatte ein wundervolles Leben und eine erfreuliche Karriere, ich war unterwegs zur Spitze und rundherum glücklich: natürlich wollte ich das alles nicht aufgeben. Aber ich begriff auch, daß ich einfach nicht imstande sein würde, linientreu mitzumachen.

Ich lehnte also das Angebot der Städtischen Oper ab. In jener Zeit war das allein schon Grund genug, zu einem Verhör abgeholt zu werden. Ich hatte schon immer ein großes Interesse für Sprachen und besaß damals eine Menge Wörterbücher, darunter auch russische; nach einer Hausdurchsuchung schrieben die Zeitungen, daß ich eine russische Spionin und mein Studio ein Agentennest sei. Ohne viel mitnehmen zu können, mußte ich schleunigst das Land verlassen.

Es stellte sich aber die Frage, wohin. Nach Norwegen konnte ich unmöglich zurück. Ich hätte die engen Verhältnisse nicht ertragen können, außerdem hätte es für jemanden wie mich dort kein Betätigungsfeld gegeben. Ich wäre gerne nach Amerika gegangen, aber ich hatte niemanden, der mir helfen konnte, rüberzukommen. Frankreich mochte ich nicht, nicht für ernsthafte Arbeit. Deshalb ging ich nach England.

England war in bezug auf Modern Dance genauso trocken und tot wie Frankreich. Das war eine furchtbare Zeit für mich. Es gab eine Reihe von Regisseuren, die Choreographien à la Fred Astaire haben wollten. Dieser Fred Astaire kam immer aus einem Gespräch oder sonst irgendeiner Situation und steigerte diese Stimmung dann in stilisiert künstlerischer Weise zum Tanz. Ich machte ein paar solcher Choreographien für einige West-End-Theater. Da ich aber keine Arbeitserlaubnis hatte, durfte ich kein Geld verdienen. Als der Krieg kam, ging ich aufs Land und machte eine Pension auf. Dort hatte ich einen Garten, in dem ich Gemüse zog. Diese Selbstversorgung war damals eine gute Lebensgrundlage. Ich kochte manchmal für bis zu elf Personen. Obwohl ich auf diese Weise über die Runden kam, war es nicht gerade die richtige Lebensform für eine Tänzerin.

Ich hatte aber in England einen Bekannten, der Chefredakteur der »Picture Post« war. Er kam ursprünglich aus Berlin und bereitete seine Übersiedlung nach Amerika vor. Am Tag seiner Abreise aßen wir zusammen zu Mittag. »Ich würde mich freuen, wenn ich noch irgend etwas für Sie tun könnte, bevor ich das Land verlasse«, sagte er zu mir.

Ich wohnte auf dem Land, weitab von allem, was mir wichtig war, es war Krieg, und wenn ich in London zu Proben war, gab es immer wieder Bombenangriffe. Jeder wollte weg, und ich ganz besonders. Außerdem wußte ich, daß Modern Dance in Amerika akzeptiert wurde.

Hier könne er nichts für mich tun, antwortete ich, aber ob er mir nicht von Amerika aus helfen könnte, nachzukommen. – Ja, das wolle er versuchen. – Aber da fiel mir ein, daß aus der Sache doch nichts werden konnte, weil man damals einen Sponsor brauchte, um in die USA zu kommen. – Mein Bekannter sagte: »Nun, dann werde ich Ihr Sponsor sein.« – »Aber das können Sie doch nicht, Sie sind nicht Amerikaner«, antwortete ich. – Er darauf: »Dann wird eben mein Anwalt Ihr Sponsor sein. Das einzige, was Sie zu tun haben, ist, herauszufinden, ob die Einwanderungsquote offen ist.«

Ich konnte es nicht glauben. So einfach kann man doch nicht sein ganzes Leben ändern!

Da die Nazis inzwischen Norwegen besetzt hatten, konnte kein Norweger wegkommen. Deshalb war, wie ich erfuhr, die Einwanderungsquote für norwegische Staatsbürger in die Vereinigten Staaten offen. 1941 war das schlimmste Kriegsjahr bis dahin, ungefähr 90 Prozent der alliierten Schiffe wurden durch deutsche U-Boote torpediert. Die Schiffsmannschaften waren wirkliche Helden: unter Einsatz ihres Lebens fuhren sie immer hin und her und brachten Nahrungsmittel aus Amerika nach England. Ich hatte ein Auskommen, ein Haus weitab vom Zentrum des Kriegsgeschehens, die Pension war mit Gästen überlaufen, trotz alledem war ich bereit, das Wagnis einzugehen. Und ich hatte das Glück, daß auf dem Schiff, mit dem ich übersetzte, Norweger waren. Die waren bereit, einem armen, jungen norwegischen Mädchen zu helfen. So kam ich 1941 in New York an.

Es war inzwischen das zweite Mal, daß ich eine ganze Existenz aufgeben mußte: erst meine Tanzkarriere in Berlin, mein Studio und alles, was in dem Studio drin war. Auch aus England konnte ich nur wenige Koffer nach Amerika mitnehmen und ließ wieder eine ganze Existenz zurück. Ich besaß einen Koffer mit Platten, einen mit Kostümen und einen mit Percussioninstrumenten, aber der ganze Hausstand blieb eben zurück.

In Amerika mußte ich mir also zum dritten Mal eine

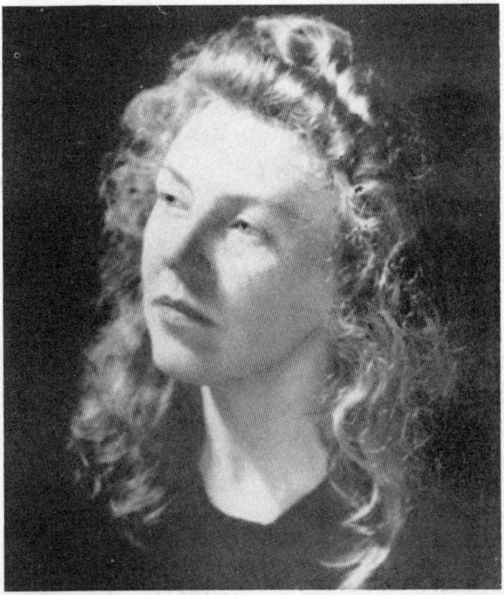

neue Existenz aufbauen. Im ersten Jahr bekam ich einen Job in einem Sommercamp; in solchen Camps können Kinder und junge Leute mehrere Wochen lang verschiedenen Aktivitäten nachgehen. Ich unterrichtete Tanz. Neben dem Camp gab es ein Hotel, in dem die Eltern wohnten, wenn sie am Wochenende ihre Kinder besuchten. Dabei wollten sie aber auch unterhalten werden. Im Verlauf der Jahre inszenierten wir also »My Fair Lady«, »Oklahoma« und eine Reihe anderer Musicals. Endlich hatte ich wieder mit Tanzen zu tun. Es war zwar kein Modern Dance, aber der Tanz in amerikanischen Musicals war eine Mischung aus mehr oder weniger modifiziertem Ballett mit viel Ausdruck. Das kam meinem tänzerischen Selbstverständnis schon entgegen.

Da diese Sommercamp-Kinder keinerlei tänzerische Vorbildung hatten, mußte ich mir Choreographien ausdenken, die die Kinder nicht überforderten. Viele wohnten in New York und wollten zu Hause weitermachen; also mietete ich vom ersten Geld, das ich zur Verfügung hatte, für ein paar Stunden am Tag das Studio eines Schauspielers am Broadway.

Während dieser Jahre war es schwer, meine schöpferischen Bedürfnisse zu befriedigen. Um eigene Tanzabende zu geben, war kein Geld da. Ich habe dann einen Ausweg gefunden: meine Improvisationen waren von Mary Wigman immer sehr gut aufgenommen, also fing ich an, öffentliche Studioaufführungen zu veranstalten, bei denen ich von den Zuschauern vorgeschlagene Themen aufgriff. Aus fünfzehn bis achtzehn mir zugerufenen Vorschlägen wählte ich zehn bis zwölf Themen, mit denen ich auf der Stelle ein volles Abendprogramm zusammenstellte.

Während der vier oder fünf Jahre, in denen ich jährlich drei bis vier solcher Studioabende anbot, wuchs der Zuschauerkreis von fünf eingeladenen auf siebzig oder achtzig Leute, die Billetts kauften. Ich mietete ein kleines Theater, mußte dann aber die Erfahrung machen, daß die Intimität des Studios verlorenging und der richtige Kontakt zwischen Künstler und Publikum doch nicht zustande kam. Ich mußte erkennen, daß mehr Wachstum bei dieser künstlerischen Tätigkeit nicht möglich war, und habe meine Energie in eine andere Richtung gelenkt.

Das Leben ist nicht so, daß man sich zurücklehnt und überlegt: eines Tages werde ich eine berühmte Tanztherapeutin sein. So etwas gab es damals ja nicht einmal. Ich wußte zu der Zeit noch nichts davon, daß auch andere Frauen inzwischen begonnen hatten, einen ähnlichen Weg zu beschreiten wie ich. Ich hatte auch kein bestimmtes Ziel, als ich nach und nach meine Tanztherapie entwikkelte.

Es fing damit an, daß ich während des Tanzunterrichts mit den Schülern eine »Therapie« machte, ohne daß ich oder die Schüler es wußten. Manchmal kam jemand zu mir und sagte: »Seit ich bei dir Tanzunterricht nehme, bin ich ein ganz anderer Mensch geworden, viel freier und geselliger.« Heute kann ich dieses therapeutische Phänomen auch in anderen Zusammenhängen erkennen. Die Volkstänze zum Beispiel sind Vergnügungstänze, aber sie sind zugleich die unausgesprochene und sehr einfache Absicht einer Therapie. Sie wurden in allen Kulturen seit Menschengedenken dazu benutzt.

In gewisser Weise war mein Weg ähnlich. Ich lehrte Menschen zu tanzen und beeinflußte damit ihre Körper. Wenn wir einen Körper verändern, gibt es ein Feed-back an das Gefühlsleben, denn Körper und Seele sind eine Einheit. In der praktischen Arbeit begann ich die Abhängigkeit und Wechselwirkung der beiden miteinander zu verstehen.

Meine Methode habe ich dann zum großen Teil erst durch Beobachtungen gefunden. Ich unterrichtete und lernte, setzte erworbene Kenntnisse, Beobachtungen und Überlegungen zusammen, und irgendwann war es da. Wenn ich jemanden in der Klasse hatte, der sehr zurückgezogen und schüchtern war, stellte ich fest, daß seine Brust eingesunken und die Schultern nach vorne gebeugt waren. Andere dagegen, die nicht so schüchtern waren, hatten auch ihre Schultern frei und offen. Oder wenn jemand einen Rundrücken hat, kann man sagen, er hat kein Rückgrat, kein Selbstgefühl. Oder seine Beine schreiten nicht weit genug aus. Genausogut könnte man sagen, daß ihm der Mut fehlt, ins Leben zu treten. Es klingt so einfach, aber so ist es. Oder jemand hält seinen Kopf ganz angestrengt mutig empor. Die Anstrengung verrät aber, daß es mit dem Mut nicht so weit her ist.

Ich kannte den Körper vom Tanz her und sah jetzt Verbindungen zwischen dem Körper, Körperteilen und Emotionen, aber ich wußte noch nicht, wie diese Verbindungen funktionierten. Je mehr Zeit ich für meine Beobachtungen hatte, um so deutlicher stellte ich bestimmte Korrespondenzen fest. Bestimmte Emotionen hatten offenbar ihren Sitz in einem bestimmten Teil des Körpers. In der tänzerischen Arbeit konnte ich gezielt Muskelgruppen trainieren, um den Körper beweglich zu machen, und so, ebenso gezielt, Emotionen und emotionale Restriktionen erreichen. Diese Zuordnung bestimmter Teile des Körpers zu bestimmten gefühlsmäßigen Qualitäten ist später Grundlage sowohl meiner diagnostischen als auch meiner therapeutischen Methode geworden. Ich beobachtete außerdem noch eine ganz eigene Dynamik, die in jedem Tänzer drinsteckt und von der ich heute denke, daß sie einen wichtigen Teil der heilenden Wirkung der Tanztherapie ausmacht. Die Kunst fördert immer die innere Entwicklung eines Menschen.

Eine Wissenschaft ist Tanztherapie insofern, als man Anatomie, Physiologie und Psychotherapie dabei betreibt. Aber Tanztherapie ist auch eine Kunst, weil es um Tanzen und Körperausdruck geht. Ich meine, daß Tanztherapeuten am besten selbst Tänzer sein sollten, damit sie die körperlichen Schritte menschlicher Wachstumsprozesse verstehen können. Sie sollten imstande sein, für sich selber Tänze zu gestalten, um zu einem Gefühl für Entwicklungen, für die Form und für Kompositionen zu kommen. Das Resultat braucht nicht professionell zu sein. Eine Komposition ist eine Organisation von vorhandenem Material. Das gilt ebenso für die Kunst, die Therapie wie auch für den Gesundungsprozeß eines Patienten.

Zufällig bekam ich eine Schülerin, die geistig zurückgeblieben war. Ich machte die Erfahrung, daß ich sie dazu bringen konnte, Dinge zu tun, die sie intellektuell gar nicht hätte begreifen können. Ich verstand, daß im Körper eine ihm eigene Intelligenz steckt. Damals erkannte ich, daß er ein ganz großes Feld eröffnet, auf dem man Menschen, auch geistig behinderten Menschen, helfen kann, sich zu entwickeln. Sie können über den Körper lernen, sich am Leben zu freuen und letztlich auch in der Gesellschaft besser klarzukommen. Es ist viel einfacher, daran zu denken, seine Schultern sinken zu lassen, als daran, daß man Mut haben möchte.

Um diesen Gedanken weiter zu verfolgen, war ich bereit, in eine Klinik für geistig Behinderte zu gehen. Die Arbeit, die ich dort machte, war zunächst natürlich ohne Bezahlung. Außerdem arbeitete ich nach wie vor mit meinen Tanzschülern und probierte mit ihnen allerlei aus.

Ich hatte damals zunehmend das Gefühl, Neuland zu betreten. Man bringt Menschen dazu, sich zu öffnen, und weiß nicht einmal, wohin sie diese Öffnung führen wird. Das sind außerordentlich fragile und unglaublich vielschichtige Zusammenhänge. Physikalisch läßt sich da viel erklären, genauso mit Anatomie und Physiologie; wir erfahren auch ständig mehr über das Gehirn. Wir lernen den Ausdruck des Körpers immer besser zu interpretieren, aber in die Gefühlswelt des einzelnen einzutreten, das ist eine außerordentlich komplexe, empfindliche und individuelle Angelegenheit, ohne feste Regeln. Man darf nicht unbedacht mit einer Neurose umgehen. Gerade mit Neurosen haben sich die Menschen bisher zu schützen versucht. Da kann man nicht in sie eindringen, ohne zu wissen, was es anrichten kann. Man muß außerordentlich vorsichtig vorgehen und wirklich wissen, was man tut.

Ich begriff zum Beispiel, daß ich nichts im Gefühlsleben eines Patienten anrühren durfte, bevor ich ihm nicht

»Beine gegeben« hatte, auf denen er stehen kann. Die Menschen brauchen erst mal das Gefühl, auf der Erde zu stehen, das Gefühl: »Hier stehe ich, und das bin ich.« Es ist ein großer Moment, wenn sie dieses Vertrauen und diese Sicherheit gewinnen. Erst wenn sie das erreicht haben, kann man auch auf der Ebene von Emotionen zu arbeiten beginnen. Dabei muß man vorsichtig damit sein, was man einem Patienten anbietet. Man darf zum Beispiel bei Aggressionsproblemen nicht gleich mit den Emotionen der Wut zu arbeiten beginnen. Jemand muß zuerst die Möglichkeit haben, diese Wut auch zu kontrollieren, um sie positiv einsetzen zu können, um zu wissen, wann und woran man am besten arbeiten kann. Man muß erst eine tragfähige Diagnose erstellen. Für die methodische Erhebung der Diagnose habe ich aufgrund meiner Beobachtungen die »Movement Diagnosis Tests« entwickelt. Das ist nach meinem Empfinden auch der wichtigste Beitrag, den ich zur Tanztherapie geleistet habe.

Mit Hilfe der »Movement Diagnosis Tests« kann man erkennen, wieviel dynamische Energie im Patienten steckt. Außerdem vermitteln diese Tests einen Eindruck davon, was ein Patient ertragen kann, wieviel Kraft er im Moment hat und wie stark seine Lebenskraft ganz allgemein ist. Gerade die Frage, wieviel Kraft gerade vorhanden ist, hat für die Therapie eine große Bedeutung. Es ist nicht gut, zu wenig vom Patienten zu verlangen, ebenso wie man aufpassen muß, ihn nicht zu überfordern.

Um zu prüfen, inwieweit jemand seine Kräfte zu kontrollieren versteht, lasse ich ihn so einfache Dinge tun, wie zum Beispiel einen Tisch von einem Platz zum anderen zu verrücken. Was für einen »normalen« Menschen einfach ist, kann für einen gestörten Menschen auf vielfältigste Weise schwierig sein. Man darf den Tisch zum Beispiel nicht so schieben, daß er gegen die nächste Mauer knallt.

Man muß ihn genausoweit schieben, wie er rücken soll – aber man soll auch selbst schieben und sich nicht nach anderen Leuten umdrehen, die einem helfen könnten. Man kann sich oft kaum vorstellen, bei welchen Aufgaben sich manchen Menschen fast unüberwindbare Schwierigkeiten in den Weg stellen. Denn die Fähigkeit, seine Energie selber steuern und kontrollieren zu können, bezieht sich nicht nur auf die körperliche Kontrolle, sondern auf das Wollen überhaupt. Zum Beispiel gibt es Menschen, die sich beim Essen nicht kontrollieren können, weil sie ihr Wollen nicht lenken können.

Während ich an meinen tanztherapeutischen Überlegungen arbeitete und noch im Zustand des Lernens war, erinnerte ich mich an Wilhelm Reich.[3] Ich hatte schon in Berlin seine Bücher gelesen; damals hat er in Norwegen gelebt, und Elsa Lindenberg, eine Kollegin von mir, arbeitete mit ihm. Als ich sie von Berlin aus einmal besuchte, begegnete ich Reich zum ersten Mal. Inzwischen war er wie ich in New York gelandet. Ich glaube, daß er der allererste war, der theoretisch von der Parallelität von Körper und Geist sprach. Ich war von seinen Überlegungen sehr angezogen. Aus Norwegen wußte ich, daß er immer einen Tänzer oder eine Tänzerin hatte, die mit ihm arbeiteten. Da ich mir dachte, daß ich viel von ihm lernen könnte, beschloß ich, ihn aufzusuchen.

Reich schickte mich, weil er der Meinung war, daß eine psychologische Ausbildung mich weiterbringen würde, zu einem Dr. Wulff, der an der Columbia University unterrichtete. Danach sollte ich mit einigen seiner Patienten arbeiten und mit ihnen tanzen. Einen oder zwei Monate später wurde Reich verhaftet und, soweit ich weiß, erst einmal in eine Nervenheilanstalt zwangseingewiesen. Man warf ihm vor, den ärztlichen Beruf ohne Berechtigung auszuüben. In »God's own country« mußte natürlich jemand anecken, der die repressive Funktion der Familie und der Gesellschaft aufdeckt. Als er im puritanischen Amerika nicht nur darüber sprach, daß die sexuelle Unterdrückung zur Aufrechterhaltung der gesellschaftlichen Strukturen eingesetzt wird, sondern auch noch Experimente mit dem Orgon, der von ihm angenommenen biophysikalischen Allkraft machte und Patienten behandelte, wurde er als Kurpfuscher angeklagt. Es war wirklich ein trauriges Ende für ein Genie.

Zu jener Zeit waren auch die Tochter von Alfred Adler und sein Sohn, die beide Ärzte waren, als Flüchtlinge nach New York gekommen und hatten hier ein Alfred-Adler-Institut gegründet. Ich beschloß, meine psychologische Ausbildung dort zu machen. Adler hatte sich in seiner Individualpsychologie mit der Aggression auseinandergesetzt; ich legte immer viel Wert auf das Gefühl der Aggression. Aggression ist eine Lebenskraft. Als Säugetier haben wir dieselben Triebe wie die uns verwandten Tiere. Wir haben gelernt, sie zu beherrschen oder eher zu unterdrücken. Damit unterdrücken wir die Lebenskraft selbst: ein wichtiges Thema in der Tanztherapie.

Ich glaube, daß ich es als Kind nicht erwarten konnte, erwachsen zu werden. Ich wollte, daß man mir endlich nicht mehr wie einem kleinen dummen Mädchen auf die Schulter klopft und betulich sagt: »Sei ein liebes Mädchen.« Was die Erwachsenen Kindern antun, ist oft zerstörend für deren Selbstwertgefühl. Ich denke, das ist das erste, was Tanztherapie in einem Menschen bewirken kann: er findet heraus, was er mit dem eigenen Körper alles machen kann, und bekommt so eine große innere Sicherheit, ein Gefühl für das eigene Sein. Schon alleine einen ganzen Arbeitstag im Büro sitzen zu müssen, das lähmt das Körpergefühl. Der eine spielt zum Ausgleich Fußball, der andere Handball, und sehr viel Gefühl ist da zwar nicht im Handballspiel, aber immerhin eine gewisse Anregung, ein bestimmtes Maß an bösem Blut, und man bekommt ein Empfinden für die Bewegungen im Körper. Mein Anliegen ist es, diese Körperempfindung mit den eigenen Emotionen in Verbindung zu bringen.

Durch die Tanzarbeit, durch das Auflösen von Spannungen und die Harmonisierung des Körpers erreichte ich deutlich erkennbare Emotionen und emotionale Veränderungen. Jetzt kam mir die Ausbildung bei Adler zugute, denn von da mußte ich verbal kompetent weitergehen können. Ich erweiterte meine tänzerische Arbeit um die Möglichkeit, zutage tretende Konflikte psychotherapeutisch anzugehen. Indem ich den Menschen nicht in Körper und Geist spaltete, konnte ich mich ihm gleichzeitig von allen Seiten nähern.

So entstand meine Psychomotor Therapie als eine neue Weise, sich der Psychotherapie zu nähern. Heute könnte ich aber ebensogut sagen, daß ich eine Psychotherapeutin bin, die sich konsequent dem Tanz genähert hat. In der verbalen Psychotherapie besteht die große Gefahr, daß der Therapeut sich zu wichtig nimmt; bei der Psychomotor Therapie arbeitet der Patient mit an sich selbst, an seinem Körper. Ich würde deshalb meine Methode zwischen der Physiologie und der Psychologie ansiedeln. Allerdings ist diese Arbeit kein System im Sinne eines festgelegten Programms. Die Behandlung wird nach der Diagnose, die man zu Anfang stellt, individuell zusammengesetzt. Bei einem praktischen Arzt würde ja auch kein Mensch davon ausgehen, daß der Arzt nur ein Medikament hat, das er jedem Kranken verordnet.

Ich glaube nicht, daß ich mit meiner Tanztherapie eigene Probleme zu bewältigen versucht habe. Vielleicht hat sie mich weniger ängstlich gemacht, weniger böse. Früher habe ich mich dagegen gesträubt, eine Frau im konventionellen Sinn zu sein. Ich war auf niemanden böse, sondern nur auf die Tatsache der Beschränkungen selbst. Ich hatte den Antrieb, in die Welt hinauszugehen, und viele Leute haben versucht, mich dabei aufzuhalten, denn es gibt immer wieder Schranken, vor denen Frauen stehen. Ich habe versucht, mich trotzdem zu entfalten und mein Leben so zu führen, wie ich es gerne wollte; eigentlich habe ich auch immer genau das getan, woran ich interessiert war. Das konnte ich oft aber nur, weil ich nicht immer danach gegangen bin, wieviel mir für meine Tätigkeit bezahlt wurde, sondern danach, ob die Arbeit interessant war.

Natürlich gab es deshalb auch ausgesprochen arme Perioden in meinem Leben. Wer hätte mir auch helfen können? Meine Eltern, die ganze Familie waren, als die Nazis das Land besetzt hielten, in Norwegen. Als der Krieg vorbei war, hatten sie nichts mehr, vielleicht gerade noch Anrecht auf ein Ei im Monat. Da konnte ich nicht sagen: Ich bin gerade dabei, in Amerika wichtige Entdekkungen zu machen, schickt mir Geld. Im Gegenteil: meine Eltern waren diejenigen, die meine Hilfe brauchten.

Es war nicht nur finanziell eine sehr schwierige Zeit für mich in Amerika. Auch inhaltlich war ich mit meiner Arbeit ziemlich allein. Manchmal konnte ich ein paar Überlegungen mit dem einen oder anderen Schüler besprechen. Aber eine Rückendeckung, wie sie für Männer häufig selbstverständlich ist, wenn ein Heim und eine unterstützende Partnerin beständig auf sie warten, hatte ich natürlich nicht. Ich habe zwar geheiratet, einen sehr netten und begabten Mann. Ich habe mich später aber scheiden lassen, weil ich ihm einfach keine gute Ehegattin sein konnte. Ich war zu sehr an meinen Entdeckungen interessiert, um den Mann an erste Stelle zu setzen, und das war ja nicht fair.

Meine Arbeit ist immer auch meine größte Freude gewesen. Deswegen kann ich nicht aufhören zu arbeiten, obwohl ich mich längst zur Ruhe setzen könnte. Es war und ist mir bis heute eine solche Freude, wenn ich sehe, wie sich Menschen bewegen, wie sie sich ändern, daß ich auch nie an eine andere Tätigkeit gedacht habe.

Aufgrund meiner Arbeit begegnet man mir heute mit einer Menge Respekt. Mein Buch »Tanztherapie« ist an vielen Universitäten zum Lehrbuch geworden, ich kenne die meisten anderen Tanztherapeutinnen und bin Ehrenmitglied in der amerikanischen Vereinigung der Tanztherapeuten (ADTA).[4] Sie feiern mich auch von Zeit zu Zeit auf ihren Kongressen. Demnach wüßte ich nichts, was ich mir im Leben anders gewünscht hätte. Kinder vielleicht? Das wäre gar nicht gut gewesen. Ich weiß, daß ich all die Fehler auch gemacht hätte, die ich von meinen Patienten kenne. Einen Mann? Den habe ich ja gehabt und herausgefunden, daß es nicht das war, was ich wollte. Ich habe mich dauernd unzulänglich gefühlt und dabei immer ein schlechtes Gewissen gehabt. Geld? Vielleicht hätte ich gern ein Haus auf dem Land mit einem schönen Garten gehabt und einen Chauffeur, der mich zur Arbeit und wieder nach Hause fährt. Und ich hätte gern immer das Frühstück ans Bett gehabt!

Dahingegen hatte ich aber Gelegenheit, den ersten Kurs für Post-graduates in Tanztherapie am New York Medical College zu geben und damit eine Pionierin in diesem Beruf zu werden. Außerdem hatte ich durch meine Anstellung als Tanztherapeutin an diesem College Gelegenheit, an allen Konferenzen teilzunehmen, die in anderen Ländern stattfanden. So wurde es mir möglich, die Ergebnisse meiner Forschungen und Entdeckungen international zu verbreiten, und die Gewißheit, achtzehn Jahre lang junge Menschen in die neue Disziplin eingeweiht zu haben, ist eine tiefe Befriedigung, besonders wenn man sieht, daß viele dieser ehemaligen Schüler jetzt auf wichtigen Posten im Bereich der Tanztherapie sind.

Wenn ich zurückblicke, könnte ich vielleicht sagen, daß ich sehr viel Glück habe, so alt geworden zu sein. Die Ergebnisse meiner Arbeit kommen nun zu mir zurück. Es ist sehr befriedigend, zu merken, wie sie sich durchgesetzt haben.

Einige meiner Patienten mögen es nicht, als Patienten bezeichnet zu werden. Dann nenne ich sie Studenten, denn sie studieren, wie man lebt. Ich muß sie vorbereiten, muß sie willig machen. Ich will sie ja erreichen und muß sie so weit bringen, daß sie mir folgen wollen, daß sie zuhören und gehorchen. Die Hilfsmittel, die ich dafür brauche, kann man von überall holen: aus der bildenden Kunst, aus der Musik, von Beobachtungen und Geschehnissen auf der Straße, aus dem Alltag. Die Richtung der Behandlung wird von den Patienten bestimmt. Durch die Ekstase, die Trance und die innere Beteiligung lernt der »Student« das Leben kennen und akzeptieren. Dann geht der Weg zurück, ist Verwandlung der Kunst in den Alltag.

Körpertherapeuten, vor allem Tanztherapeuten, leiden unter Minderwertigkeitskomplexen. Sie denken, daß verbale Therapie und Psychologie viel wichtiger seien, und tun die Bewegung, die Tanzqualität, die Ekstase und die Trance ab. Das ist auch der Grund, warum einige Therapeuten die Tanztherapie in Bewegungstherapie abgewandelt haben. Bewegung ist aber nicht Tanz. Bewegung ohne tänzerische Qualität, ohne innere Beteiligung bewirkt nicht das gleiche, nicht so viel. Menschen, die tanzen, die das Tanzen spüren: ihre Augen glänzen, wenn sie darüber reden. Manche ziehen deshalb gleich die Augenbrauen hoch, weil man ja so intellektuell geworden ist.

Meine Psychomotor Therapie ist natürlich nicht für alle Zeiten abgeschlossen; ich möchte auch weiterhin keinen festen Schulrahmen um meine Methode bauen. Ich bin Anregungen gegenüber sehr aufgeschlossen und gehe zu den verschiedensten Workshops anderer Tanztherapeuten. Ich habe sogar eine zweiteilige Vortragsreihe über Computer besucht. Ich glaube zwar nicht, wie dort behauptet wurde, daß man Computer in der Tanztherapie verwenden kann, aber ich will es immer wissen. In meinem Unterricht war es wichtig, den Schülern beizubringen, selber nachzudenken. Auch das Buch, das ich geschrieben habe, soll nur vermitteln, wie man auf meine Weise auf die richtige Fährte kommen kann. Dann aber soll man die eigene Kreativität einsetzen. Man sollte nicht Tanztherapeut werden, wenn man nicht kreativ ist. Für die Kunst muß man Begabung haben – auch ein Tischler muß begabt sein. Warum nicht der Tanztherapeut? Diejenigen, die nur schematisch zu denken verstehen, sollten aus der Tanztherapie herausgebeten werden, denn sie ruinieren den Patienten, weil sie das, was vom Patienten kommt, nicht wirklich begreifen.

Musiktherapie
Lilli Friedemann

»Dann muß man Zwiesprache halten können, nicht bloß mit anderen Menschen. Ich meine, wenn ich Zwiesprache mit mir selbst halte, dann bin ich wirklich ganz wahrhaftig, weil ich ja mit mir selber spreche und mit dem Besten, was in mir zu finden ist.« Mölln, 7.6.1988

Die Gruppenimprovisation, die Lilli Friedemann entwikkelt hat, verhalf der bis dahin recht erfolglosen passiven Musiktherapie zu einem Durchbruch. Musiktherapie, die nicht heilpädagogisch, sondern psychotherapeutisch eingesetzt wird, behandelt Krankheiten mit gezielten Maßnahmen, die sich der Musik als non-verbales Kommunikationsmittel bedienen. Da Musik im allgemeinen als ein nicht bedrohlich wirkender Ausschnitt der Realität empfunden wird, kann sie zu einer nicht-sprachlichen Realitätsbewältigung beitragen.

Durch improvisatorische Techniken erhält der Mensch die Möglichkeit, seinen eigenen Ausdruck zu suchen und seine eigene Musik zu machen. Auf einem Instrumentarium, das sich aus den verschiedensten Zupf- und Schlaginstrumenten zusammensetzt, wird spielerisch mit Rhythmen, Klängen, Geräuschen und Gesten experimentiert und eine gruppeneigene Kommunikationsebene mit einer Fülle von »Improvisations-Spielregeln« entwickelt. Im Zwischenraum zwischen Freiheit und Begrenzung soll eine Entfaltung von der Bezogenheit auf sich selbst zur Kommunikation und Reaktion auf Partner erreicht werden, von der Nachahmung zur Selbständigkeit, zur Initia-

tive und zum bewußten Gegenspielen, von der spontanen, ungeformten Vitalitätsäußerung zum bewußten Erfassen und Gestalten vom »Leben im Augenblick« zur Einbeziehung der eigenen Vergangenheit wie auch der Zukunft.

Ein Musiktherapeut soll eine therapeutische Persönlichkeit mit musikalischer Ausbildung sein. Dementsprechend verläuft die Ausbildung zum Musiktherapeuten analog zum Studium der Musik. Die Ausbildungsinhalte variieren je nach der ausbildenden Institution und werden auch von einigen psychotherapeutischen Institutionen als Schwerpunkt angeboten.

Meine frühesten Erinnerungen sind immer ein Zusammenhang mit meiner Mutter, die mich verstand und mich seelisch richtig ernährte und pflegte. Ich fühlte mich bei ihr geborgen. Ich war immer eine Träumerin und wurde dann von den Verwandten oft geneckt, weil ich so herumstand und nichts mitgekriegt hatte. Und das hat sich eigentlich gehalten, manchmal ist es auch jetzt noch so.

Als Kind habe ich in einer Welt gelebt, in der man malt und musiziert. Meine Mutter konnte sehr schön malen, und mein Vater war Dichter. Das heißt, er war insofern nicht Dichter, als daß er Bücher veröffentlicht hätte, aber er schrieb privat sehr viel für sich. Er war Studienrat am Gymnasium und hatte viel Freude an seinen Schülern und erzählte uns manchmal die komischsten Geschichten aus der Schule. Von ihm habe ich wohl die Freude am Unterrichten geerbt. Schon mit elf, zwölf Jahren habe ich mit Begeisterung kleineren Kindern Geigenstunde gegeben.

Meine Mutter war lungenkrank und öfter mal weg in einer Klinik. Von Kindheit an war es so: meine Mutter liegt schwach, oft krank da, aber ich glaube, sie hat vom Sofa viel mehr Liebe ausgestrahlt als manch andere, die

ganz gesund ist. Von Kiel, wo ich geboren bin, sind wir dann bald weggezogen, das Klima war schlecht für meine Mutter, wir kamen hierhin und dorthin, immer meiner Mutter wegen. Bei der Wahl des Wohnortes mußte man einerseits darauf achten, daß mein Vater nicht irgendwohin kam, wo er keine geistigen Freunde fand, andererseits sollte es keine Großstadt sein, meiner Mutter wegen. Schließlich sind wir in Hameln in Westfalen gelandet und dort auch geblieben.

Mein Vater las als Germanist viel und las auch gerne vor. Als meine Schwester und ich so Backfische waren, wollte er uns mal in Goethe einführen. Er fing an vorzulesen, ich weiß noch, wir saßen im Garten. Er las, wie der Werther eine Geliebte hatte und wie er sie von allen Seiten rosig beschrieb. Da haben wir vielleicht gekichert! Wir waren viel zu jung dafür. Aber das war bloß eine kleine

Sache, in der wir ihn enttäuscht haben. Eigentlich waren wir eine glückliche Familie.

Als der Erste Weltkrieg ausbrach, war ich acht Jahre. Mein Vater wurde eingezogen. Da habe ich nachgedacht: »Er ist als Freiwilliger in den Krieg gegangen. Ist das richtig, obwohl er uns dabei verläßt?« Er kam aber wieder und hatte ein paar Soldatenlieder gelernt, die er mit einem Finger auf dem Klavier tippte. Wir haben irgendwo hinter der Tür gegrinst, denn er war eigentlich ganz unmusikalisch, aber er ließ sich nicht stören.

Meine Schwester war sehr anders als ich. Sie war nüchtern, praktisch, gut zu brauchen und konnte im Haus helfen, aber sie hatte keinen Humor. Sie war die ältere, und sie war sehr streng zu mir. Ich meine, es ist gut, daß ich mich als Kind daran gewöhnt habe, daß es nette und weniger nette Mitmenschen gibt. Wenn meine Schwester so liebevoll wie meine Eltern gewesen wäre, dann wäre ich wahrscheinlich mit der Welt nicht fertiggeworden. Es kann bei meiner Schwester Neid gewesen sein, weil sie das Gefühl hatte, daß meine Mutter mich mehr liebte als sie. Das muß man verstehen.

Eine Freundin meiner Mutter war Geigenlehrerin, die liebte ich sehr. Sie gab mir Geigenstunden. Weil aber meine Mutter malte und zeichnete, wünschte sie, daß ich nach dem Abitur nach Hamburg auf die Hochschule für bildende Künste ging. Dort habe ich gemerkt, daß ich mich beim Zeichnen oder beim Modellieren nach der Geige sehnte. Eines Tages, als ich versuchte, so eine kleine Skulptur fertigzukriegen, und mich sehr langweilte, da bin ich weg aus dem Atelier und habe meine Eltern angerufen: »Ich möchte lieber Musik studieren, kann ich das machen?« Meine guten Eltern haben gleich »Ja« gesagt. Das war toll. So etwas hat man nicht immer. Ich war damals neunzehn Jahre alt.

Ich ging also nach Berlin auf die Musikhochschule. Zum einen nahm ich an, daß es die beste wäre, zum anderen hatten wir früher einmal in Berlin gewohnt, deshalb war mir Berlin ein bißchen heimatlich. Ich wollte Geige spielen lernen und Geigenlehrerin werden, bestand die Aufnahmeprüfung und kam zu einem Lehrer, der sich als Nazi entpuppte. Einmal hat er mich »Intellektbestie« genannt. »Volkstümlich« und »volksnah« und all diese Dinge: das stand für ihn streng gegenüber dem Intellekt. Er war ein richtiger furchtbarer, dummer und grober Nazi, der auch nicht besonders geigte.

Sobald ich konnte, ging ich von ihm weg, zu Carl Flesch.[1] Später, als die Nazis ganz oben waren, nach 1933, mußte Flesch gehen, weil er Jude war. Carl Flesch war ein ganz toller Lehrer. Er hat uns allen sehr imponiert, wir haben ihn geradezu angebetet. Drüben an der Wand hängt ein Bild von ihm.

Ich spürte schon früh, daß es noch irgend etwas anderes für mich gab, als bloß Violinenvirtuosin zu werden. Bei Hindemith[2] habe ich dann Komposition studiert. Eines Tages sagte er zu mir: »Wollen Sie nicht vielleicht in ein Landerziehungsheim gehen? Da wird eine Geigenlehrerin gesucht.« Ich glaube, daß er mich gern mochte und mich in den ökonomisch schwierigen zwanziger Jahren irgendwo unterbringen wollte. Trotzdem antwortete ich: »Nein, ich will weiter studieren.« Und schrieb das meiner Mutter.

Nach zwei Tagen dachte ich: »Soll ich nicht doch in dieses Landerziehungsheim?« Ich bereitete gerade ein Konzert mit Orchester vor, in dem ich als Solistin spielen sollte, und plötzlich war mir das so schrecklich, so fremd und furchtbar, daß ich dachte: »Warum eigentlich?« Ich dachte: »Ist das so viel schöner, als im Landerziehungsheim Geigenlehrerin zu sein?« Nach drei Tagen war mir klar, daß ich doch ins Landerziehungsheim wollte, und am selben Tag kam ein Telegramm von meiner Mutter, ich solle in dieses Heim. So waren wir miteinander verbunden.

Ich hatte eben doch noch andere Eigenschaften in mir gefühlt, als bloß Solistin zu sein. Manchmal hatte ich ja Erfolg; wenn ich Bach spielte, ging das ganz gut. Obwohl ich aber lange Jahre als Konzertgeigerin tätig war, war ich einfach nicht ehrgeizig genug. Sich allein aufs Podium zu stellen, zu spielen und dann beklatscht zu werden: das ist etwas für den Ehrgeiz und für die Eitelkeit. Es war schon schön, aber es war auch mit sehr viel Angst verbunden. Es ist ein Verlust an Persönlichkeit, wenn das Streben eines Menschen nur dahingeht, über vielen anderen stehen und Ehre und Ruhm einstecken zu wollen. Das sind Ideale, die einen unangenehmen Nebeneffekt haben. Mit dem Ehrgeiz ist ein gewisser Krampf verbunden: ich muß das besonders gut können! Wenn ich aber an der Geige hänge und viel Geige übe, dann ist es doch die Liebe zur Musik, die mich spielen heißt, und auch die Freude daran, daß Menschen mich verstehen. Auf dem Podium stehen und Angst haben, und einmal geht es gut, und einmal geht es schief: das war nicht meine Richtung.

Ich unterbrach mein Studium und unterrichtete in einem Landerziehungsheim in der Rhön. Mit den Kindern war es erst recht schwer. Es war schrecklich, was ich manchmal falsch machte. Aber es gab einen, der zurückgeblieben war, mit dem habe ich mich auch privat beschäftigt. Ich konnte es einfach nicht lassen, mich um ihn besonders zu kümmern, weil es nötig war. Er konnte schlecht sprechen und stotterte. Ich habe ihn lesen lassen, ganz langsam, und dann ein Gedicht lernen und es ganz feierlich sprechen lassen. Das half. Nach den Weihnachtsferien bekam ich einen Brief von seinen Eltern: sie dankten mir, er könne jetzt viel besser sprechen.

Die Kinder im Heim waren alle in der normalen Schule nicht mitgekommen. Sie sagten selbst: »Wir sind die Heimidioten.« Aber so schlimm waren sie nicht, es waren keine Idioten. Ich habe ihnen Geigenstunde gegeben. Natürlich hatte ich auch meine Krisen. Einige Kinder mochten mich gar nicht leiden. Ich war damals viel zu streng. Das mußte ich alles erst einmal lernen.

Nach drei Jahren kam ich an die Hochschule zurück. Später hat nicht nur Carl Flesch, sondern auch Hindemith das Land verlassen.[3] Er war zwar kein Jude, wurde aber von den Nazis verunglimpft, weil das, was er komponierte, nicht »volkstümlich« und »volksnah« genug war.

Da ich weiterstudieren wollte, mußte ich wieder eine Aufnahmeprüfung machen. Da saßen dann alle Musikprofessoren und Herr Habermann, der Nazi, auch. Ich nahm meine Geige und spielte den Anfang der Chaconne von Bach. Nach ganz kurzer Zeit winkten sie ab: »Das reicht« – im positiven Sinn. Da sagte Herr Habermann: »Fräulein Friedemann, Sie werden sich ja nicht sehr wohlfühlen in der jungen Garde von Musikstudenten.« Das hat er so richtig plump gesagt. Da habe ich geantwortet: »Darum habe ich auch nicht länger gewartet.«

In jener Zeit mußte ich von ziemlich wenig Geld leben. Ich kam immer sehr dünn zu Hause an, konnte mich aber immer wieder ein bißchen auffuttern. Es war interessant, auch mal auszuprobieren, daß man nicht immer essen kann, wenn man möchte. Ich erinnere mich komischerweise nicht daran, daß das traurig war.

Nach dem Studium blieb ich zunächst in Berlin und habe mich so durchgeschlagen. Schon vor dem Ende des Studiums hatte ich Schüler, dann habe ich eine längere Zeit konzertiert, obwohl das Lampenfieber diese Tätigkeit nicht gerade sympathisch machte. Eines Tages las ich eine Annonce. Die Musikschule in Danzig suchte einen

Ausbildungsleiter für das Fach »Violine«. So kam ich nach Danzig.

Dort war ein Direktor, den vergesse ich bis zum heutigen Tage nicht. Er stammte aus dem Böhmischen, war so eine Naturkraft, ein wunderbarer Musiker. Wenn der ans Klavier ging, das klang! Ich habe manchmal mit ihm zusammen gespielt, ich allein, mit ihm am Klavier. Ich werde nie vergessen, wie musikalisch der war. Das grenzte schon an Liebe. Aber er war über fünfzig, und ich war Ende zwanzig.

Dann kam der Krieg. Ich erinnere mich besonders an zwei Kerlchen, vielleicht so im Übergangsalter von dreizehn Jahren, noch mit einer hellen Stimme, Geigenschüler, die sich darauf freuten, Soldat zu werden. Die stellten sich alles so schön vor. Freuten sich darauf, in den Krieg zu ziehen. Zwei ganz ahnungslose Jungchen.

Gegen Ende des Krieges mußte ich aus Danzig fliehen, die Russen kamen immer näher. Ich erinnere mich bis an den heutigen Tag an den Ruck, den der Zug gemacht hat, der vom Osten nach Westen fuhr. Da standen schon wahnsinnig viele Leute auf dem Bahnsteig, und der Zug war voller Soldaten. Alle fuhren nach Westen, flohen vor den Russen, und irgendwie konnte auch ich dann in den Zug einsteigen. Ich hatte es gerade noch geschafft, es war einer der letzten Züge. Das Gefühl, als der Zug anruckte, vergesse ich bis heute nicht: »So, jetzt raus aus der Gefahr ...« Er fuhr los: »Ich bin gerettet!«

Im Westen machte ich mich auf den Weg nach Hameln. Ich zog immer einen Handwagen hinter mir her, aber wie das alles genau war, weiß ich nicht mehr. Es war etwas, das man einmal übersteht, irgendwie.

Inzwischen war mein Vater knapp fünfzigjährig an Krebs gestorben. Noch in Danzig hatte ich zwei Schülerinnen von mir die Adresse meiner Muter gegeben und

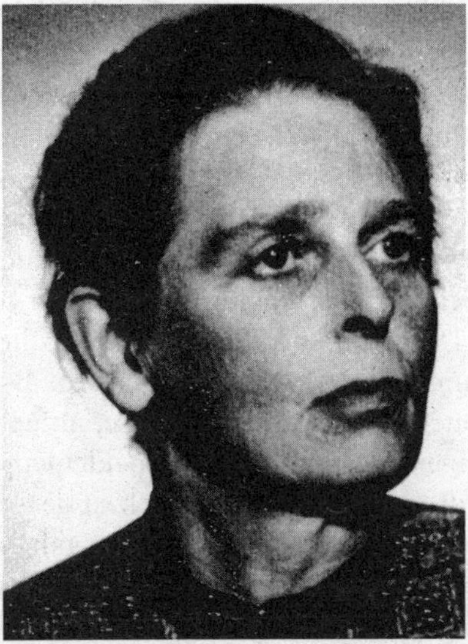

gesagt: »Wenn ihr fliehen müßt, könnt ihr zu mir nach Hameln kommen.« Als keiner mehr wußte, wo ich geblieben war, kam ich also in Hameln an, mit Sack und Pack. In der Straße, wo das Haus meiner Mutter steht, sehe ich aus der Gartentür das Gesicht einer meiner beiden Schülerinnen. Sie schrie, lief ins Haus und holte meine Mutter.

Sehr bald fand ich in Hannover, das ist von Hameln aus nicht zu weit, eine Stelle als Geigenlehrerin an der Musikhochschule. So viel kann ich ja gar nicht erzählen, was dort damals los war. Ich hatte bald wieder eine Gruppe von Geigern und eine Bratsche und noch eine Cellistin dazu. Mit dieser Gruppe habe ich dann konzertiert. Wir übten alles nach Noten – also das, was ich jetzt mache, war noch gar nicht dran.

Mit einem Chorleiter der Musikhochschule bekam ich dann aber irgendwann Schwierigkeiten. Er hat gegen mich gearbeitet, und als ich das merkte, wurde ich krank. Zwei, drei Tage lang ging mir im Kopf herum: »Mache ich weiter? – Schluß, ich sage ab.« Ich bin von der Hochschule abgegangen und war von diesem Augenblick an gesund.

In Hannover hatte ich eine Schülerin, die Geigenlehrerin in Göttingen war. Als sie sich verlobte, hat sie mir geschrieben, sie werde Göttingen verlassen und ob ich nicht ihre Schüler übernehmen wolle. Also zog ich nach Göttingen. Dort gab es außerdem einen Chorleiter, mit dem zusammen ich als Konzertmeisterin Bachkantaten und -passionen, all die großen Werke, aufgeführt habe.

In Göttingen stieß ich auf einen kleinen Verein von Menschen, die von der Wandervogelzeit der Jugendbewegung beeinflußt waren. Solche Gruppen gab es häufiger in den fünfziger Jahren und bis in die Mitte der Sechziger. Wie die Jugendbewegung neben Wanderfahrten sich der Pflege des Volkstanzes, des Volksliedes und des Laienspiels widmete, so machten auch diese Leute Ferien, in denen viel gesungen, getanzt und gespielt wurde. Das hat mich sehr gelockt. Ich bin dann regelmäßig mit dabeigewesen und habe viel zum Tanz aufgespielt.

Ich merkte aber bald, daß meine Geige zu feierlich fürs Tanzen war. Da habe ich an meinen Geigenbauer geschrieben: »Ich brauche ein anderes Instrument. Ich muß ein Instrument haben, mit dem man zum Tanz aufspielen kann, die Geige ist mir zu fett dafür.«

Mein Geigenbauer hat mir Abbildungen von verschiedenen Saiteninstrumenten geschickt, darunter war eines, das ich nicht kannte. »Das will ich haben«, schrieb ich ihm. Es war ein Rebec; er hat es mir dann nach einem historischen Muster nachgebaut.

Ich war gerade in den Ferien, zwischen diesen Leuten, als das Rebec ankam. Ich habe es ausgepackt, gestimmt, ein paar Tönchen gespielt und bin runtergegangen aus meinem Zimmer und habe zum Tanz aufgespielt. Es war ein ganz schneidender, dünner Ton – so tänzerisch, nicht bequem und nicht weich, sondern dünn und aufstachelnd.

Wenn ich musiziere, spiele ich entweder ein Stück, das eben schön ist und die Menschen, die zuhören, in der Seele bewegt und Einfluß auf die Gedanken und die Gefühle hat – oder ich spiele zum Tanz auf. Wenn ich ein Instrument wie das Rebec spiele, dann faßt das an den Beinen an. Tanzmusik ist voll und nicht dick, sondern ganz stachelig. Und das fanden die Tänzer herrlich. Dieses Gefühl, ich spiele und sie tanzen, das gehörte für mich zusammen. Das konnte ich ganz lange Zeit machen, ohne mich zu langweiligen. Irgendwann habe ich auch beim Tanzen mitgemacht, obwohl ich mein Leben lang gedacht hatte, ich kann nicht tanzen.

Mein großes Glück war, daß diese Menschen offen für Dinge waren, die man sonst nicht tut, und viel Interesse daran hatten, kreativ zu sein. In den Wochen, in denen wir zusammenkamen, spielten wir auch Theater; es gab immer ein paar junge und etwas begabte Leutchen, die mir dann mit irgendeinem Instrument halfen, für das jeweilige Stück die Musik zu machen. Ich glaube aber, daß wir gar nicht richtig gespielt haben. Das »Richtig-Spielen«, daß also zum Schluß alles schön und anhörbar zusammenklingt, das war auch gar nicht unser Ziel. Wir kamen zusammen, jeder hatte ein leises oder lautes Instrument, getrommelt wurde auch, und dann legten wir los. Im allgemeinen spielt man ja nach Noten; in unserem noch »privaten« Rahmen tat ich das nicht mehr.

Etwa um diese Zeit konnte ich auch nicht mehr nach Noten spielen. Ich wurde weitsichtig; während ich geigte, verschwamm mir das Notenbild. Um eine Brille habe ich mich anfangs nicht bemüht. Einmal aber, in der Übergangszeit, als ich die Noten überhaupt nicht mehr lesen konnte, habe ich geweint. Es ging mir plötzlich auf, daß ich etwas ganz Großes verloren hatte. Und dann war jedoch das andere da und hat sich von selbst entwickelt.

Jede Entwicklung hat zunächst keinen Namen und kein genaues Bewußtsein. Es entwickelt sich etwas, und erst später denkt man: »Ach, das war das!« oder »Da ist das gekommen«. Genauso war es bei mir.

Am Anfang habe ich noch ziemlich brave Formen gehabt, zum Beispiel Rondoformen. Die übt man mit etwa acht Leutchen. Erst kommt das Thema dumdiedeldum, eine leicht faßliche Form, die sich immer wieder wiederholt. Dann kommt einer, der Solo spielt, Zwischenstücke, die improvisiert werden, und dann kommt wieder dumdiedeldum und wieder ein anderer, der was dazwischen spielt, von sich aus. Das ging noch ziemlich leicht und hat sich langsam weiter entwickelt.

In der Gruppenimprovisation, die sich so herauskristallisierte, verzichtet man auf metrische Rhythmen, verzichtet auf Harmonie. Trotzdem betrachten wir unsere Improvisationen als Musik, weil wir einfühlend aufeinander reagieren und versuchen zu erspüren, was sich entwickelt. Innerhalb der Improvisation quasi bei der Sache bleiben, aber auch nicht zu lange: das ist etwas, das wir abhören und das wir lernen. Es ist der Ausdruck, der zählt, die Betonungen, die Agogik, das heißt also, die Art zu reden. Wenn man redet, hat man kein Metrum, das zugrunde liegt. Das eine Wort dehne ich, und das andere geht ganz schnell – so, wie ich eben spreche. Und genauso spielen wir miteinander. Aber ich meine, daß man immer heraushört, daß wir zusammen spielen und einer bestimmten Entwicklung nachgehen. Es ist kein Etwas-erreichen-Wollen, sondern es wächst so.

Das Besondere an der Gruppenimprovisation, wie ich sie dann entwickelte, waren bestimmte Spielregeln. Wenn man Menschen Instrumente in die Hand gibt, ist es oft so, daß sie entweder jemanden begleiten, der anzuführen beginnt, oder sie bleiben stundenlang auf einem Rhythmus hängen, den sie nach einigem Probieren gefunden haben: Ho-ho-ho-tschi-minh! Das ist so ein beliebter Rhythmus, auf dem manche kleben bleiben können, wenn man nicht durch Vorgaben eine Strukturierung des Spiels erreicht.

Bei der Gruppenimprovisation kann richtig Musik rauskommen, wenn die richtigen Leute beisammen sind und wenn man einen guten Tag hat. Manche Leute fragen deshalb, ob es nicht so etwas wie Jazz ist, was wir da machen. Das ist eine Frage, die muß man sich drei Tage überlegen. Wirklich. Ich habe gerade in letzter Zeit wieder viel darüber nachgedacht, was eigentlich das andere in unserer Spielweise ist. Ich höre viel Jazz, die Jazzspieler sind unsere Vettern. Und doch ist Jazz etwas anderes. Die Rollen sind genau verteilt: du spielst Trompete, ich spiele Schlagzeug, der Kontrabaßspieler spielt sein Instrument etc. Und es gibt immer den Solisten, manchmal auch zwei, der vorne steht, der auf seiner Trompete etwa ein tolles Solo spielt. Es ist nicht nur vorgegeben, welches Instrument jeder hat, sondern auch, wie wichtig seine Rolle ist.

Bei uns wissen wir gar nichts – außer, daß jeder sein Instrument hat. Wir sagen nicht einmal, ob es ein langsames oder schnelles Stück werden soll. Nichts. Ich weiß noch, wie wir mal versucht haben, Vogelgezwitscher darzustellen. Wir machen ja immer Aufnahmen. Als wir es abhörten, haben wir uns gegenseitig ausgelacht. Das war nichts. Wir haben uns weit unterfordert gefühlt, wir haben das Zwitschern nicht ernst genommen. Denn wenn wir nach unserer Art spielen, wollen wir immer etwas tun, was aus dem, was gerade geschehen ist, wirklich hervorgeht. Und wenn es ein Gegensatz ist! Gerade aus der Nachahmung kann die Initiative zu einem bewußten »Gegenspielen« erwachsen.

Wir sind also absolut nicht frei, sondern gebunden an das, was wir fühlen, was nach dem eben Gewesenen kommen muß. Sich anschließen. Aus der Bezogenheit auf sich selbst in die Kommunikation und Reaktion auf den Partner treten. Daß wir nicht vergessen, was eben gewesen ist, und wenn es etwas ganz anderes war. Das verlangt natürlich, daß wir nicht nur unbewußt, sondern auch bewußt erkennen und bewußt handeln.

Ich muß aber sagen, es ist immer eine Fahrt ins Blaue, wenn wir anfangen, aber eine Fahrt ins Blaue mit voller Konzentration. Wenn wir aufgreifen, was bisher gewesen ist, und der Nächste geht darauf ein auf eine Weise, die eigentlich keiner anderen Regel untersteht als der, daß jener, der angefangen hat, sich nicht gestört, sondern unterstützt und verstanden fühlt und das auf unsere Weise musikalisch gestaltet und differenziert: dann ist die Gegenwart zugleich Vergangenheit und Zukunft, eine Gegenwart, die keine Form musikalischer Gestaltung ausschließt, sondern einander in lebendigen Prozessen bedingt. Das ist das, was für mich »Leben im Augenblick« bedeutet.

In gewisser Weise ist es schwerer, als nach Noten zu spielen. Stellen Sie sich vor, es gibt da eine Musikschule oder einen Musikverein, und einer ist jahrzehntelang immer der Dirigent gewesen. Plötzlich fällt das weg. Das ist dasselbe, als hätten Sie immer nach Noten gespielt, und plötzlich soll es ohne Noten gehen. Da fällt man doch durch so viele Stockwerke durch. Ich muß plötzlich selbst entscheiden, was ich spiele, und ich muß rausholen, was in mir drin ist. Ich muß nicht mehr das tun, was ich soll.

Das ist eines unserer großen Probleme: das Sollen herrscht über unser Leben, wir tun von morgens bis abends, was wir sollen. Das ist aber nicht das Ganze. Es gibt Menschen, die das tun, was sie gewohnt sind, was sie sollen, was man von ihnen erwartet, und es gibt andere Menschen, aus denen etwas herauskommt, was sie nicht sollen, was aber unbedingt heraus muß. Das sind die Kreativen, und die muß man auch lassen. Wenn ich mir jetzt vorstelle, ich habe es ja in meiner Jugend erlebt, daß man beim Musizieren eben Noten vor sich hat – jetzt kommt mir das unfaßlich vor, für mein Wesen und auch für die, die mit mir spielen. Unfaßlich, daß man immer nur getan hat, was man soll.

In der Gruppenimprovisation tun wir nicht, was wir sollen, sondern das, was wir im Augenblick für richtig halten. Und etwas für richtig zu halten und richtig zu reagieren, das ist nicht leicht. Das ist ja keine absolute Freiheit, sondern das ist Konzentration. Ich bin nicht gehorsam, ich gehe den Weg, den ich für richtig halte. So ist das etwa, wenn ich das allzu feierlich ausdrücke.

Sie können aber nicht alle Vorgänge, die in ihnen sind, mit Namen benennen. Ich glaube auch nicht, daß man zur Kreativität erziehen kann. Sie können natürlich Menschen, die in ihrer Jugend so streng erzogen worden sind, daß sie nichts wagen, eventuell dazu verhelfen, sich zu befreien. Es gibt aber auch Menschen, die so erzogen worden sind, daß sie kreativ sein wollen, es ist aber gar nichts drin. Ich meine deshalb nicht, daß jeder unbedingt kreativ sein muß. Aber man sollte jedem, je nach seinem Vermögen, die Gelegenheit geben, die Kreativität, die in ihm steckt, zu verwirklichen.

Ich hatte schon lange Gruppenimprovisationen gemacht, als ich nach Hamburg an die Musikhochschule kam. Damals war ich etwa Mitte fünfzig. In jenem Verein, in dem ich in den Sommerferien immer zum Tanz aufspielte, war ein Mann aus Hamburg gewesen, eigentlich ein ganz einfacher Mann. Der hatte irgendwann zu mir gesagt: »In Hamburg, da könnten Sie Leute finden, die das, was Sie hier machen, auch mitmachen würden.« Und ich dachte, der Horizont von Göttingen reicht mir nicht, ich muß mal in die Großstadt.

Ich zog also nach Hamburg. Und in Hamburg änderte sich alles. Das war in der Zeit, in der politisch wahnsinnig viel geschah. Bald freundete ich mich mit der Studentenbewegung an, der es ja auch darum ging, nicht immer bloß nach Schema F alles zu tun, und ich begriff die Gefahren der Atomkraft. Plötzlich, mit einem Schlag, war ich politisch; zugleich hatte ich eine Gruppe.

Es war eine Gruppe von Erwachsenen, mit denen ich

regelmäßig improvisierte. Jeder/jede, der/die dazugehörte, hatte ein seelisches Wehwehchen. Jeder! Die eine wußte, daß sie Krebs hatte und daß es nicht mehr lange dauert. Die andere hatte einen Mann, mit dem sie sich nicht vertrug. Dann waren zwei Männer da, die wegen ihrer unglücklichen Ehen Wehweh hatten, und eine Frau war eigentlich sehr begeistert, übertrieb aber alles. Mit denen improvisierte ich. Und da habe ich gemerkt, was ich mit dem Improvisieren tue: es ist nicht nur ein Spiel, sondern bedeutet viel mehr.

An etwas wie Therapie habe ich aber nie gedacht, obwohl ich häufig eine therapeutische Wirkung erlebte. Sie war für mich eine Nebenwirkung, ich selber verstehe mich als Musikerin. Das, was therapeutisch in der Gruppenimprovisation herauskam, ist ohne mein Wollen und bewußtes Zutun entstanden. Ich mache jetzt einen ganz deutlichen Unterschied: ob ich improvisiere, das heißt, nur Musik machen will, oder ob ich eine Gruppe habe, bei der ich daran denke, was ihr gut tut. Das sind zwei ganz verschiedene Dinge. Wenn ich mit seelisch Leidenden improvisiere, muß ich mich auch therapeutisch verhalten. Ich muß dann beobachten, was weh tut und was nicht, während ich in der Improvisation meiner eigenen Kreativität freien Lauf lassen kann.

Ich könnte mir denken, daß die heilsame Wirkung der Gruppenimprovisation damit zusammenhängt, daß die Teilnehmer sich äußern und etwas von sich geben, was sie sprechend nicht äußern möchten. Gruppenimprovisation ist eine Hilfe zur Äußerung. Menschen befreien sich, indem sie musizieren und sich dabei doch nicht verraten. Und sie spielen zusammen und lernen, aufeinander zu reagieren, lernen »Jetzt führe ich« oder »Jetzt spiele ich nur mit«. Das ist ein enormes Erlebnis, Kameradschaft halten und zusammen aufeinander eingehen.

Es gibt viele Erklärungen, warum und wie die Gruppenimprovisation ihre Wirkung hat; im Grunde verstehe ich es bis heute nicht. Und natürlich waren nicht alle, die zu mir kamen, begeistert. Manche sind auch weggeblieben. Einige warfen mir vor, ihnen zu kraß einen Spiegel vorzuhalten. Die seelisch Gefährdeten sind aber erstaunlicherweise immer geblieben.

Ich habe ein großes Geschenk mitgekriegt: es ist einfach meine Sache, zu improvisieren und zu lehren. Natürlich hätte ich gern einen Freund oder Mann gehabt. Aber ich sehe irgendwie ein, daß es nicht ganz zu mir paßt. Ich bin zu selbständig. Und mein Mann hätte darunter gelitten. Ich habe schon als Kind andere Kinder angeführt; da muß ich eben hinnehmen, daß dann das andere gefehlt hat. Manche beneiden mich, manche bedauern mich.

In meiner Jugend, da hatte ich einen gern. Mit dem verstand ich mich wunderbar. Er war ein sehr zartfühlender Mensch. Dann erlebte ich plötzlich, wie er vor den Augen der anderen einen epileptischen Anfall hatte. Damals wurde behauptet, daß Epileptiker auch in ihrer Persönlichkeit abnehmen. Dieser traurigen Ideologie bin ich, so muß ich heute leider sagen, einfach aufgesessen. Ich wußte es nicht besser, wußte nur, daß ich mich nun mit diesem Mann nicht näher befassen darf. Ich wurde krank, wochenlang, ich kam zu meiner Mutter und wußte gar nicht, was eigentlich los ist. Er war ein toller Mensch. Er hat gesagt, daß ich nun ins Glück, in etwas Positives hineingehen und er zurückbleiben würde. Ohne jeden Vorwurf, nur so ganz still. Danach habe ich ihn nicht wiedergesehen.

Ganz selten hatte ich später ein großes Gefühl für einen Mann. Den Direktor in Danzig, den habe ich geliebt, und ich habe darunter gelitten. Ich war ja in den Zwanzigern, und er war fünfzig oder so. Das gibt es manchmal, daß man sehr liebt und doch weiß, es kann nichts daraus werden.

Ich weiß nicht, ob ich es jetzt richtig sage: nachdem ich Danzig verlassen hatte, habe ich nur noch Verliebtheit gekannt. Es ist komisch. Dieses Sich-von-selbst-Verstehen, wie es mit dem Mann in meiner Jugend gewesen war, das habe ich nie mehr erlebt. Ich habe schon geliebt, aber aus der Ferne. Ich weiß, daß dies ein gewisser Verzicht in meinem Leben war.

Ich war, trotz manchen Unglücks, immer ein fröhlicher Mensch ... Nun, da habe ich etwas übertrieben. Ich hatte auch traurige Zeiten. Dann muß man Zwiesprache halten können, nicht bloß mit anderen Menschen. Ich meine, wenn ich Zwiesprache mit mir selbst halte, dann bin ich wirklich ganz wahrhaftig, weil ich ja mit mir selber spreche und mit dem Besten, was in mir zu finden ist. Ich weiß nicht, ob das Auswirkungen nach außen hat. Ich finde aber kein Glück dabei, wenn ich denke, ich bin mir selbst genug. Das bringt doch kein Glücksgefühl.

Wenn mir etwas gelungen ist und ich vielleicht sogar irgend jemandem geholfen habe, dann habe ich das Gefühl einer großen Dankbarkeit. Es ist vielleicht ein religiöses Gefühl. Das hört sich immer so trivial an. Aber die Gaben, die ich sozusagen geschenkt gekriegt habe, für die kann ich doch nichts, die sind mitgekommen bei der Geburt. Wenn mir meine Arbeit gelingt, dann habe ich das Gefühl, beschenkt zu sein, sozusagen von oben her.

Das klingt vielleicht sehr altmodisch, aber ich bin altmodisch erzogen. Ich habe eine Großmutter gehabt, die vergesse ich nie: tief und ernst und glücklich und wahr. Es war alles so glaubhaft und so natürlich. Ich habe immer gedacht: »Meine Großmutter denkt nie an sich selbst. Entweder sie denkt an den lieben Gott oder sie denkt an Leute, denen sie helfen will.« Bei ihr habe ich oft viele

Monate verbracht, als meine Mutter krank war und mein Vater Soldat. Das hat sehr viel bei mir aufgebaut. Ob evangelisch oder katholisch oder irgend etwas anderes, das ist mir ganz egal. Ich gehe auch nicht in die Kirche oder nur selten. Aber ich möchte das Vorbild meiner Großmutter nicht verlieren. Ich bin nicht so wie sie, aber ich würde jedem Menschen wünschen, daß er wie sie wird.

Die Musiktherapeuten sagen heute, daß sie wesentliche Teile ihrer Arbeit von meinen Methoden abgeleitet hätten. Ich denke aber, daß es in gewisser Weise ein Ergebnis des Zeitgeistes war, daß meine Arbeit eine so große Bedeutung erlangte. Ende der sechziger Jahre und Anfang der siebziger Jahre suchte man nach neuen Wegen, wie man Psychotiker aus ihrer Passivität herausholen könnte, und fand in meiner Vorgehensweise die passende Methode. Ich habe dann über die Jahre auch viele Pädagogen und Musiktherapeuten in Kursen unterrichtet, die ich als »Basisausbildung in Gruppenimprovisation« bezeichnete, und habe an verschiedenen Kongressen teilgenommen. Die Musiktherapie ist ja noch sehr jung. Erst Mitte der siebziger Jahre wurde sie als Studiengang konzipiert; Improvisation und Methode, das ist ja ein gewisser Gegensatz. Die Gruppenimprovisation ist zu frei, als daß man sie Methode nennen könnte.

Insofern bin ich auch ganz verwundert, daß die Musiktherapeuten zu meinem Geburtstag ein Fest mit mir feiern wollen, und ich bin darüber auch gar nicht glücklich. Was mich glücklich machen kann, ist, wenn ein Mensch kommt und sagt: »Sie haben mir damals geholfen.« Oder wenn Kinder fragen: »Können wir mal wieder zu Ihnen kommen und musizieren?« Und wenn ich sehe, daß etwas von mir ausgeht, was andere ein bißchen fröhlich macht. Das finde ich schön. Aber Ehrung ist langweilig. Es ist auch so strapaziös. Ich habe nichts dafür übrig.

Funktionelle Entspannung
Marianne Fuchs

> »Ich meine, daß eine normale Frau eine natürliche Anlage und Kreativität hat, um mit Kindern umzugehen. Es ist dringend nötig, diese Seite des Weiblichen für die Anfänge der menschlichen Entwicklung zu fördern, den Umgang mit Kindern in seiner Bedeutung zu erkennen und Hilfen bereitzustellen, die diese Jahre auch heute lebenswerter machen.« Erlangen, 6.8.1988

Im Mittelpunkt der »Funktionellen Entspannung« steht der Leib, mit dem der Mensch sich und die Welt erlebt und mit dem er sich in der Welt verhält. Am Atemrhythmus, in seinem Bewegtsein und Sich-bewegen-Lassen stellt sich der Leib am deutlichsten dar. Dementsprechend ist die Entspannung des Zwerchfells mit dem Ziel, den Eigenrhythmus zu finden, zu entwickeln und zu stärken, das zentrale Anliegen dieser Methode.

Das konkrete Vorgehen orientiert sich am Prinzip von Spannung und Entspannung, das allem Lebendigen zugrunde liegt. Im dialogischen Umgang, also während Therapeut und Klient über die leiblichen Erfahrungen des Klienten sprechen, wird eine Änderung des Fehlverhaltens angestrebt, das zu den zu behandelnden psychosomatischen Störungen geführt hat. Der Zugang zu diesen Störungen wird über die zunehmend verfeinerte Selbstwahrnehmung leiblicher Funktionen und über die Differenzierung der Sinneswahrnehmungen ermöglicht. Die praktische Arbeit erstreckt sich ebenso auf das Skelett und seine Gelenke, auf innere und äußere Körperöffnungen wie auch auf das Kontaktorgan Haut. Das Loslassen im Ausatmen wird durch den Einsatz der Stimme und mit Hilfe von Tönen und Lauten unterstützt. Diese sollen dem entspannenden Ort Richtung und Begrenzung seiner Entspannung verdeutlichen.

Die »Funktionelle Entspannung« wird inzwischen von den Krankenkassen als abrechnungsfähig anerkannt.

Eine Ausbildung ist nur als Weiterbildung möglich und setzt einen Grundberuf aus dem medizinischen, psychologischen oder pädagogischen Bereich voraus.

Ich bin Süddeutsche, stamme aus einer Beamtenfamilie und wurde mit drei Geschwistern groß. Meine Mutter heiratete erst mit achtundzwanzig Jahren, weil sie sehr gern Lehrerin war und später wieder Lehrerin wurde, um zu ermöglichen, daß eine ihrer Töchter eine höhere Schulbildung bekam. Vom Vater waren nur die Söhne für das humanistische Gymnasium vorgesehen.

Meine Eltern waren sehr an Freiluft, Wandern und Sonnenbaden interessiert. Auch war meine Mutter mit einer Frau befreundet, die das erste psychotherapeutische Kinderheim in der Nähe von Stuttgart gegründet hat. Mein Großvater mütterlicherseits war Theologe. Er war aber auch naturwissenschaftlich interessiert und erfand eine »Volksdusche«, die auf einer großen Ausstellung gezeigt wurde.

Das war also das geistige Klima, in dem ich meine ersten siebzehn Lebensjahre verbracht habe.

Vom vierzehnten Lebensjahr an gehörte ich zu einer Gruppe der Jugendbewegung, die sehr das Autonome, Kreative, Ursprüngliche und Natürliche im Auge hatte. Da hat man auch seine Kleider selbst genäht, hat etwas darauf gestickt und ist barfuß oder in Sandalen gelaufen. In meiner Generation hatte ich schon die Möglichkeit, so

zu leben, wie ich wollte. Deswegen habe ich auch keine Ellenbogenkraft benutzen müssen. Ich fühlte mich gleichberechtigt in einem Kreis, in dem alle etwas Selbständiges taten. In der Schule war ich gern. Sie befriedigte meine Neugier.

Als ich mich nach einem passenden Berufsbild umschaute, dachte ich zuerst an Gärtnerin, dann an Kindergärtnerin. Ich hielt nicht viel vom Leistungssport, machte aber leicht das Sportabzeichen, später auch das silberne. Bewegung machte mir einfach viel Freude. So kam ich darauf, Gymnastiklehrerin zu werden.

1926 kam ich an die Günther-Schule[1] nach München, an die Ausbildungsstätte für angewandte und freie Bewegung. Ich hatte es mir hart erkämpfen müssen, denn man mußte monatlich hundert Mark Schulgeld bezahlen. Das war für meine Eltern schon sehr viel. Und dann mußte ich ja auch noch wohnen und leben. Als ich einen Patenonkel in München wiederentdeckte und mein Vater plötzlich bloß noch 50 Mark im Monat für meinen Lebensunterhalt zusätzlich beitragen mußte, stand meinem Umzug nach München nichts mehr im Wege. Damals war ich siebzehn.

Die Lehrzeit bei meinem kinderlosen Onkel und seiner Frau war eine harte Schule für mich. Dort habe ich Anpassen und Schwindeln gelernt. Ich hatte bei meinen Eltern viel Freiheit und Verständnis gekannt; die Tante aber war durch und durch altmodisch. »Lesen am Tag? Nein, da mußt du Handarbeiten machen oder mit mir spazieren- oder mit mir ins Kino gehen.« Also habe ich einen ganzen Haufen zusätzlicher Schulstunden erfunden und einfach in der Schule gelesen.

Dorothee Günther war früher Mensendieck-Gymnastiklehrerin gewesen. Sie konnte sehr gut zeichnen und vertrat mit ihren Mitarbeitern die Überzeugung, daß Körperbildung Menschenbildung ist. Der achtundzwanzigjährige Carl Orff gestaltete mit ihr und zusammen mit den anderen Lehrerinnen den Stil ihrer Schule. In kleinen Klassen mit acht Schülern bekamen wir eine ganz intime Ausbildung. Eigentlich haben wir zwei Jahre lang eine Körperanalyse gemacht. Die einflußreichste Frau war für mich die Mensendieck-Lehrerin Thekla Malmberg.[2]

Als Grundausbildung wurde für alle ein halbes Jahr »Deutsche Mensendieck-Arbeit« verlangt. Zu jener Zeit war das nicht mehr eine strenge, statische Gymnastik wie zu Mensendiecks Zeiten; die neue Methode arbeitete viel mit Schwingung, Gleichgewicht und Rhythmus, wenn auch ohne Musik. Man mußte nicht mehr – wie bei anderen Gymnastikmethoden – den nackten Körper sehen, um zu erkennen, was man falsch machte. Durch das »Spüren« konnten wir bald schon besser »sehen« als zuvor mit den Augen. Außerdem musizierten wir im Sinne

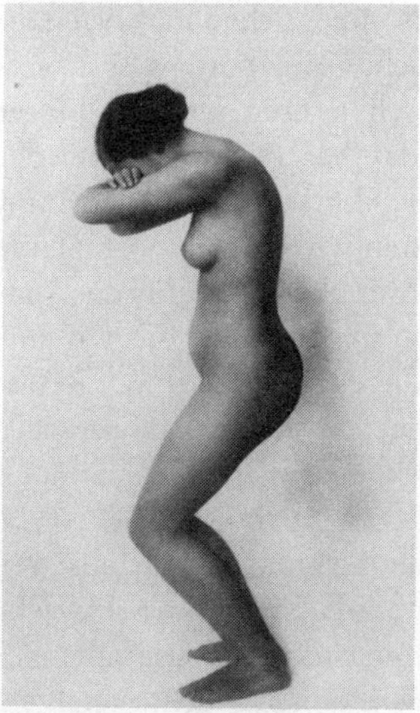
»Unkorrigierte Stellung«

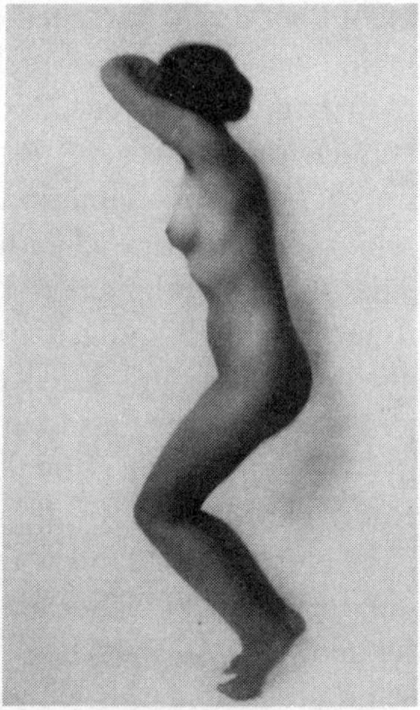
»Korrigierte Stellung«

von Orff. Die heute schon klassisch anmutenden Orff-Instrumente hat er damals erst entwickelt. Das war alles eine ganz neue Sache. Als fakultatives Fach hatten wir auch Harmonielehre und die raumrhythmische, rein tänzerische Arbeit nach Laban. Es waren immer Schüler von den entsprechenden Schulen, die uns unterwiesen.

Nach einem halben Jahr mußten wir uns entscheiden, ob wir bei der gymnastisch-heilgymnastischen Arbeit bleiben wollten oder ob die Ausbildung zum Musikalisch-Rhythmischen und zum Tanz hinführen sollte. Wie man sich auch entschied, man hatte trotzdem die Möglichkeit, in allen anderen Fächern wahlweise weiterzulernen.

Immer wieder ging es in unseren Gymnastikstunden um den natürlichen Rhythmus und die natürliche Bewegung und darum, wie sie pädagogisch zu entwickeln war. Diese sachliche, gewissenhafte Körperbildung erfuhren wir nicht über das Vormachen, also über Sehen und Nachahmen, sondern über sprachliche Angebote, selbst versuchen und erspüren. Dadurch lernten wir uns besser kennen und bewegen, und das hat mir später bei der Entwicklung der »Funktionellen Entspannung« bestimmt sehr geholfen. Außerdem hatten wir eine hervorragende Anatomieausbildung. Der Lehrer übersetzte uns die Anatomie aus dreibändigen Anatomieatlanten, die wir uns alle anschaffen und durchstudieren mußten, durch Bewegungsbeispiele an unserem eigenen Körper. In der heilgymnastischen Ausbildung bekamen wir außerdem noch eine volle Massageausbildung.

In Norddeutschland war die Gymnastik zunächst bekannter als in Süddeutschland. Es gab mehrere Schulrichtungen, die im Deutschen Gymnastikbund zusammengeschlossen waren. Als ich 1928 Examen machte, hieß es, in Marburg bestehe Bedürfnis nach einer »sachlichen Gymnastik«. Diese kleine Universitätsstadt reizte mich. Damit fing das Abenteuer einer freien Praxis Ende 1928 an.

Ich wußte, daß ich Ärzte gewinnen mußte, die von der Notwendigkeit der Gymnastik überzeugt werden konnten. Außerdem wußte ich durch das Studieren von Vorlesungsverzeichnissen, daß in Preußen alle Lehramtsanwärter irgendeinen Sport machen mußten.

Ich hatte Glück, daß am Universitätsinstitut für Leibesübungen in Marburg gerade das gesucht wurde, was ich anzubieten hatte. So konnte ich dort gleich mit einigen Stunden anfangen. Außerdem habe ich in einer Buchhandlung eine kleine Werbekarte ausgelegt. Fünf Mark kostete es damals, wenn man einmal die Woche, also viermal im Monat, Gymnastikunterricht nehmen wollte. Wenn ich mit einem Fünfmark-Silberstück bezahlt wurde, habe ich es immer in ein extra Kästchen getan, und als ich Weih-

Klapp'sches Kriechen

nachten, nach drei Monaten, nach Hause fuhr, habe ich die Fahrt schon mit dem selbstverdienten Geld finanziert.

Bald lernte ich eine Sozialfürsorgerin kennen, die in einem Ort zwischen Kassel und Marburg Ferienkurse für haltungsgeschädigte Kinder organisierte. Diese Kinder bekamen Kakao und Zwieback und Sonnenbäder im Freien. Bis dahin war ja in der Orthopädie nichts anderes bekannt gewesen als Apparaturen und Korsetts. Wir versuchten es anders – nicht mit Gewalt, sondern mit der Beweglichkeit der Wirbelsäule im Vierfüßlerstand, was gleichzeitig die Atmung anregte.

Der Zufall wollte es, daß Professor Klapp Chirurg in Marburg war; er hatte diese Kriechgymnastik erfunden. Ich habe dann die Kinder vor dem Ferienaufenthalt bei ihm untersuchen und nach vier Wochen nachuntersuchen lassen. Klapp bestätigte uns, wie gut die Kinder sich

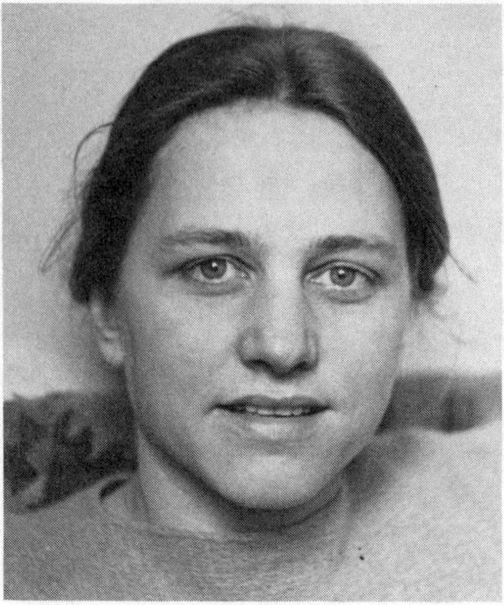

entwickelt hatten. Außerdem erfuhren wir, daß diese Kinder nachher auch in der Schule viel besser wurden. Ein psychosomatischer Erfolg.

In der Psychiatrischen Klinik hatten der Chef, Ernst Kretschmer[3], und sein Oberarzt Friedrich Mauz Interesse an psychosomatischen Zusammenhängen. Das ergab eine freie Mitarbeit an dieser Klinik für mich. Es waren Fälle aus der Abteilung für Innere Medizin, mit denen ich dann zweimal die Woche eine Stunde nach der verlorenen Natürlichkeit und nach mehr Lebendigkeit des Leibes suchen durfte. Das förderte mein Verständnis für psychotherapeutische Probleme.

Als ich in Marburg ankam, war ich neunzehn. Drei Jahre lang war ich ganz frei. 1931 heiratete ich. Das war ganz schön viel, gleichzeitig verheiratet zu sein und einen Beruf zu haben. Ich konnte nicht kochen, und damals war es noch nicht so, daß der Mann im Haushalt mithalf. Der ging morgens um sieben aufs Archiv und kam abends wieder. Ich war die Verdienerin – weil sein Weg zur Habilitation kaum bezahlt wurde. Ich war fünf Jahre ohne Kind, aber gerne in meinem Beruf, was damals etwas Ungewöhnliches war. Auch später war die Akademikerexistenz eines Habilitierten keine »Versicherung«.

Wir riskierten dann doch eine neue Existenz in Heidelberg – ohne mein Mitverdienen. Das war 1936, als wir mit der Familiengründung begannen. Es folgten zehn berufslose, aber sehr ausgefüllte Jahre. Glück und Not durch die Geburt von drei Kindern, die schwierige Zeit des Nationalsozialismus und des Krieges hat unsere Ehe mehr gefestigt als bedroht. Vier Jahre war ich Kriegerfrau und dankbar, daß ich keine beruflichen Aufgaben zusätzlich hatte. Damals war es eine ausfüllende Arbeit, den Haushalt zu führen. Ich konnte mich nicht über Leerlauf beschweren. Ich meine, daß eine normale Frau eine natürliche Anlage und Kreativität hat, um mit Kindern umzugehen. Es ist dringend nötig, diese Seite des Weiblichen für die Anfänge der menschlichen Entwicklung zu fördern, den Umgang mit Kindern in seiner Bedeutung zu erkennen und Hilfen bereitzustellen, die diese Jahre auch heute lebenswerter machen.

Ich hatte das Glück, daß ich nach zehn Jahren an meinen geliebten Beruf, wenn auch in veränderter Form, wieder anknüpfen konnte. Unser drittes Kind entwickelte, noch nicht einmal einjährig, eine therapieresistente, spastische Bronchitis. Daß Asthma zunächst keine »Krankheit«, sondern eine Rhythmusstörung ist, davon war ich überzeugt. Der Spürsinn für stimmende Ansätze beim Bewegen war mir durch unsere Gymnastik vertraut, das Rhythmusverständnis der Atemschule Schlaffhorst-Andersen, die früher Rothenburger Atemschule genannt wurde, auch. Die Aufgabe war nun, einen Weg für ein einjähriges Kind zu finden, ohne es zu etwas zu zwingen. »Es« mußte von innen verändert und beteiligt werden, und zwar in unsichtbaren, zum Teil gestörten Bereichen.

Ich begann damit, meine Hand auf seinen kleinen Brustkorb zu legen und spürbare Bewegungen des Nachgebens im Körper zu unterstützen, aber ohne zu massieren. Dieses Berühren ist kein ängstliches und kein zu festes, sondern ein begleitendes Anfassen. Ich füge mich deinem – wenn auch kurzen – Loslassen ein, ohne dich zu bedrängen, und ich gehe auch wieder mit, wenn du kommst, aber an der Umschwingung der »Pause« zögere ich für einen Augenblick.

Im Verlauf der Monate waren wir so weit, daß wir zusammen Anfälle coupieren, also ganz früh erkennen und abwenden konnten. Damals bewährte sich die Einsicht, daß Loslassen und Wartenkönnen bedeutungsvoll sind. Ich begleitete das Nachgeben des kindlichen Brustkorbes mit einem brummenden »Puh!« Das konnte das Kind übernehmen und meldete sich, wenn ein Anfall im Entstehen war, mit »Mama, puh machen!« Damit gelang Abhusten und Befreiung von Einengung.

Mir ist bald aufgegangen, daß wir damit das »leibliche Unbewußte«, also autonome Anteile der Atmung, beeinflussen konnten. Ich hatte gelernt, daß es ein Vegetativum gibt, was ohne unseren Willen funktioniert. Mit »autonom« meine ich selbsttätig und nicht autark. Und in diese selbsttätig funktionierenden, nicht machbaren, mit dem Willen nicht beeinflußbaren Bereiche mußten wir einwirken, ohne zu stören. Ich verstand, daß der elastische Körper auf seine Weise nun den Rhythmus verändert und positiv beeinflußt. Die Angst vor sich selbst, vor dem verschleimten Bronchialbereich konnte abgebaut werden. Je weniger ich machte, aber spürte, ob das Kind sich innen beteiligen konnte, desto bessser gelang »es«. Spieltherapeutische Bewegungsreize unterstützten später seine Mitbeteiligung. Dieses funktionelle, atemrhythmisierende Selbstentspannen macht vom Therapeuten unabhängig. Der Therapeut braucht neben der Einfühlung viel Sprache, Einfälle, Vergleiche und die Begabung, Fragen zu stellen, damit der Patient oder Klient suchen, finden und antworten lernt.

Die Krankheit des Kindes und der Zusammenbruch nach dem Krieg gaben mir die Chance, auch aus meinem Beruf wieder etwas zu machen. Statt mich als Gymnastiklehrerin zu betätigen, suchte ich Richard Siebeck auf. Ich wußte, daß er für psychosomatische Zusammenhänge aufgeschlossen war. Er war damals Internist an der Heidelberger Universitätsklinik, und ich vermutete, daß er für das, was ich bei unserem Kind erreicht hatte, Verständnis haben würde. »Ich glaube, ich habe den Einschlupf in das vegetative Unbewußte gefunden«, sagte ich arglos. Daraufhin lächelte er und meinte: »Wenn es wahr wäre, daß Sie über die unbewußte Atmung in das funktionelle Gleichgewicht des Menschen einwirken können, dann hätten wir ja etwas für die funktionell Gestörten, die wir nur sedieren oder anregen können. Das interessiert mich.«

Rückwirkend betrachtet war das die Geburtsstunde der »Funktionellen Entspannung«. Eine Zeitlang wurde die Methode »Atemrhythmisierende Entspannung« genannt, aber sowohl die »Entspannung« als auch das »Atemrhythmisierende« führte immer wieder zu Mißverständnissen. Ich habe nie »Atemtherapie« gemacht. Es ging zwar um den Atemrhythmus, aber er wurde indirekt beeinflußt. Schließlich war der Name gefunden, der es eigentlich knapp und sachlich sagt: »Funktionelle Entspannung«. Sie ist kein Zustand, sondern ein Vorgang, ein Bewegtwerden, das zur Ruhe und dem wieder Gespanntwerden führt. Wir kennen für diesen Vorgang auch andere Worte: loslassen, gehenlassen, sich überlassen, sein lassen, zulassen, was erspürbar ist.

Vieles von dem, was ich an pädagogischer Freude mit den Kindern empfand, beim Spielen und Märchen erzählen und Märchen aufführen oder abends bei der Gymnastik, bevor sie in die Badewanne gingen, ist von der Tiefenpsychologie sehr gefördert worden. Da sich damals in Heidelberg vor allem um Viktor von Weizsäcker[4], diesem zwischen den Fakultäten stehenden Denker, psychosomatisch interessierte Ärzte und Psychotherapeutinnen anschickten, ein verändertes Verständnis von Krankheit und Gesundheit zu entwickeln, hatte ich mit ihm und seinen Mitarbeitern außerordentlich günstige Voraussetzungen für die Erprobung und Weiterentwicklung meiner Ansätze. Gerade der »Leib«, der erlebnisfähige Körper, beschäftigte damals die Gemüter sehr.

In freier Mitarbeit an der Heidelberger Universitätsklinik habe ich angefangen, weil ich mitverdienen wollte. Dieser Grund bestand nicht mehr, als die Heidelberger Universität wieder eröffnet und mein Mann wieder im Beruf war. Aber inzwischen war die neue Aufgabe, die mir in der Medizinischen Klinik anvertraut wurde, zu reizvoll, als daß ich sie hätte aufgeben wollen. Mitverdienende Selbständigkeit war für mich auch deshalb möglich, weil ich meine Zeit selbst einteilen konnte, ich war nie Angestellte. Ohne die Hilfen, die ich für die Haushaltsführung brauchte, wäre es aber nicht so gut gegangen. Einen eigenen Beruf haben, am Beruf des Mannes beteiligt zu sein und drei Kinder zu erziehen: das hat mich schon voll gefordert. Ich habe dabei sicher vieles falsch gemacht. Zum Beispiel wollte ich am Sonntag, wenn wir endlich mehr Zeit für die Kinder hatten, viel zu viel nachholen oder programmieren. Da gab es Widerstände und dann auch Tränen. Wir haben aber nach besseren Lösungen gesucht. Unsere Partnerschaft und das Ringen darum war immer ein Schwerpunkt in meinem Leben. Da wir beide unsere eigenen Interessen hatten, bin ich für meinen Mann nicht nur Ehefrau gewesen, sondern selbständige Partnerin. Für meine Kinder war ich sicher nicht die ideale Mutter. Wir haben aber unseren Kindern früh ihre Selbständigkeit gelassen, sogar gelernt, sie zur rechten Zeit »aus dem Nest zu werfen«. Verwöhnt wurden Nachkriegskinder sowieso nicht.

Auf meinem Weg zu mehr Ganzheit habe ich Vermischungen mit ostasiatischen Praktiken und Ideologien, die häufig über eine Atemführung oder Atemtherapie entstehen, sehr vermieden. Dazu haben die frühen, entscheidenden Begegnungen mit bedeutenden Vertretern der Psychotherapie beigetragen. Von der Lehre des Grafen Dürckheim habe ich mich in bestem Einvernehmen mit ihm getrennt.

Die Verbindung von Tun und Lassen, vom Finden der Mitte und des Eigenrhythmus verbindet uns mit mancher Methode, die das Absichtslose, das unbewußt Wirkende hoch achtet. Für die »Funktionelle Entspannung« bleiben die tiefenpsychologischen Zusammenhänge der menschlichen Entwicklung eine wesentliche Verstehensgrundlage der eigenen Arbeit. Wir versuchen, eine fehlende Innenbeteiligung nachzuentwickeln und die Beziehung zur Umwelt über den Eigenrhythmus veränderungsbereit zu erhalten. Damit lassen sich die Grenzen zum autogenen Training, zum Wachträumen, zum Imaginieren ebenso wie zum Meditieren deutlich machen.

Uns geht es um das Sensibilisieren der Sinne um einer Mitte-orientierten Lebendigkeit willen. Dafür die adäquate Sprache zu finden, die der lebendigen Vielschichtigkeit des einfachen Da-Seins entspricht, ist nicht leicht. Für das nicht Machbare, das, was in uns und mit uns sinnlich wahrnehmbar erfahrbar wird, sollen Worte gefunden werden; das, was wir erspüren und sprachlich ins Bewußtsein bringen können, ist erinnerbar und wiederholbar. Dieser Schritt aus der Erfahrung, aus der Empfindung in die Sprache – so hilflos sie auch ist – entwickelt etwas eminent Menschliches.

Es reicht aber nicht aus, eine Änderung nur über das Gefühl zu versuchen. Wir brauchen eine konkrete Bestätigung für austauschbereites Da-Sein, In-Beziehung-Sein. Das rhythmusbezogene Loslassen hilft zu dieser Selbsterfahrung. Dazu sind nicht große Bewegungen nötig, aber ein differenziertes Wahrnehmen des Bewegt-Seins, was auch zu den Gefühlen führt.

Außer der Sensibilität meiner gymnastischen Ausbildung hat mich meine Ehe tiefer wachwerden lassen, wach für mich selbst und den anderen. Insofern sagt mein Mann mit Recht: »Ich bin fünfzigprozentig an deinem Erfolg beteiligt!« Die Begegnungen mit bedeutenden Zeitgenossen, die nach dem Menschen in seiner Ganzheit fragten, haben mich besonders gefördert. Dazu gehören Gelehrte und psychosomatisch interessierte Ärzte, die ich in Marburg und Heidelberg oder während der Lindauer Psychotherapiewochen kennenlernte. Dafür bin ich sehr dankbar. Die Grundlage dieser Entwicklungen war eine positive Einstellung zum Leben, zu allem Lebendigen. Das verdanke ich meinem Elternhaus, der Jugendbewegung, die zur Kritikbereitschaft herausforderte und eine Änderungsfähigkeit menschlicher Gewohnheiten durch Neuanfänge ermutigte.

Der Erfahrbare Atem
Ilse Middendorf

> »Erfahrungen kann man nicht ›machen‹. Es ist vielmehr ein Seelenzustand, in dem ich etwas so sein lasse, wie es ist.« Berlin, 5.5.1987

Der unbewußte Atem ist derjenige, der selbsttätig, ohne eine Einflußnahme auf physiologische Abläufe, von selber geschieht. Unter besonderen Bedingungen kann man sich dessen bewußt werden, zum Beispiel wenn man gerannt ist und dann besonders schnell und tief atmet. Der willkürliche Atem ist der willentlich beeinflußte Atem. Er ermöglicht eine verbesserte Sauerstoffzufuhr und eine bessere Durchblutung, aber erreicht nicht diejenigen Schichten, in denen die Atmung ein Zustand wird, der die Ganzheit des Menschen umschließt. Der »Erfahrbare Atem«, den Ilse Middendorf lehrt, will zwischen dem willkürlichen Atem und dem unbewußten Atem eine dritte Atembewegung spürbar machen. Es ist der Atem, den man kommen läßt, den man gehen läßt und auf den man wartet, bis er von selber wiederkommt.

Die Grundlage, diesen Atem zu erfahren, besteht darin, für die Erfahrung von bis dahin nicht Erlebtem unvoreingenommen zu sein. Das Üben erfolgt dann über die Prinzipien »Sammeln«, »Empfinden« und »Atmen«.

Mit Hilfe verschiedener Übungen werden fünf Atemräume aufgedeckt: der Vitalraum, der Raum der Entfaltung, der Raum der Achtsamkeit, Außenraum und Innenraum. Übungen und die Erfahrung des Atemraumes schaffen Atemkraft. Angestrebt wird ein Zustand, in dem die Bewegung aus dem Atem kommt. Diese entstehen über Dehnungen, Druckpunktarbeit und Vokalraumbildung. Von Erwartungen, Forderungen und Zielen des Ichs befreit, indem man sich so nimmt und akzeptiert, wie man sich erfährt, ist der Weg zur Selbstanalyse frei.

Die Ausbildung zum Atempädagogen dauert am Ilse-Middendorf-Institut für den Erfahrbaren Atem berufsbegleitend viereinhalb Jahre, als ganztägige Ausbildung drei Jahre.

Ich wurde evangelisch erzogen und war als Kind viel in der Kirche, die ich dann später in Frage stellte. Das Interesse für die Kirche wurde von meinen Eltern unterstützt, aber nicht gewünscht. Es kam ganz aus mir selbst. Meine Eltern waren auch kirchlich gesonnen. Alles war sehr festgefügt in einer sehr heilen Welt. Ich muß – Gott sei Dank – nicht zu den Menschen gehören, die über ihre Eltern klagen, sondern ich habe sehr liebevolle Eltern gehabt. Natürlich fehlte auch manches, wie bei allen Menschen, aber das gehört dazu. Ich hatte Wärme, Fürsorge, Liebe, oft kein Verständnis, und das finde ich natürlich. Wie sollten meine Eltern, meine Familie, mich immer verstehen?! Ich finde an unserer Zeit nicht gut, daß die Ursachen für alles, was belastend ist, bei den Eltern gesucht werden.

Ich hatte zwei Geschwister: einen vier Jahre älteren Bruder, der schon den achtzigsten Geburtstag hinter sich hat, und eine zehn Jahre jüngere Schwester, die an Krebs gestorben ist – siebenunddreißigjährig. Ich war immer diejenige, an die man sich wandte, enweder von oben herab, der Bruder suchte bei mir ganz bestimmte Bestätigungen, und von der Schwester kam der Wunsch nach Fürsorge. Meine Mütterlichkeit wurde sehr gewünscht, und die war ja auch vorhanden. Damit habe ich es nicht schwer gehabt. Meine Eltern zeigten sich offen für alles, was »gesund« war, und haben mich nicht gehindert,

meinen Weg zu finden. Mein Vater nannte mich gerne »Zwiebel-Lieschen«. Zwiebeln heißt in Sachsen: jemanden hochbringen. Da ist schon was dran!

Mein Vater hatte den Ersten Weltkrieg mitgemacht. Das Geschäft, das er hatte, über die ganzen Jahre aufrechtzuerhalten, das war schon eine harte Sache gewesen. So hatten meine Eltern wenig Zeit für uns, und finanziell waren wir nicht auf Rosen gebettet. Heute bin ich dafür dankbar, denn durch eben diese Umstände kam ich dorthin, wo ich heute bin.

Wäre es nach mir gegangen, hätte ich mich dem Tanzen zugewandt. Das war die große Liebe meiner Kindheit. Da wir aber das Geld für eine Tanzschule nicht hatten, mußte das unbeachtet bleiben.

Recht bald, nachdem die Schulzeit vorbei war, verließ ich das Elternhaus. Die Eltern hatten durchaus schon ein bißchen geschaut und fanden, dieser oder jener junge Mann paßt gut zur Tochter ... Ich schlug diese Angebote aber aus, obwohl ich durchaus offen für eine gute Heirat und Familiengründung gewesen wäre. Aber das sollte auf Liebe aufbauen. Ich hätte auch im elterlichen Geschäft helfen können, aber ich spürte deutlich, daß »etwas« in mir wartete, das wachsen und reifen wollte. Ich war damals achtzehn und sagte: »Ich muß raus in die Welt.«

Um den familiären Haushalt zu entlasten, bin ich zunächst als Haustochter nach Berlin gegangen. Dort habe ich von Mazda-znan gehört. Mazda-znan war eine aus dem Tibet stammende Weisheitslehre, die mich sehr beeindruckte. Sie wirkt von vier Seiten auf den Menschen ein: durch eine besondere Ernährung, durch Massage, die dominant die Nerven angeht, durch Bewegungen, die »Stromübungen« genannt wurden, und durch sieben tibetische Atemübungen, die – in sich festgelegt – intensiv geübt wurden.

Als die Gelegenheit sich bot, ging ich nach Baden-Baden, um bei »Aurelius« Baeuerle eine auf den Prinzipien der Mazda-znan-Lehre beruhende Nervenmassage zu lernen. Diese Ausbildung gab mir eine tiefgehende und exakte Grundlage für meinen weiteren beruflichen Weg. Eine spätere gymnastische Ausbildung, die auch das Pflegerische umfaßte, bezahlte ich mit dem, was ich durch die »Aurelius-Arbeit« verdiente.

Bis zur Mitte meines Lebens liebte ich es, wenn die Zeit es erlaubte, in Gesellschaft zu sein. Ich tanzte leidenschaftlich gern und liebte lebendiges Zusammensein mit anregenden Menschen. Mein Mann und ich hatten fröhliche und schöpferisch begabte Freundeskreise um uns. Wir haben damals nicht nur einfach zusammengesessen und geklönt, sondern haben zum Beispiel Theater gespielt, teils eigene Sketche, aber auch »großes Theater«, zum

Beispiel Ausschnitte aus dem »Sommernachtstraum«. Da mein Mann Musiker war, wurden neue Lieder und Kanons erfunden.

Mein Mann hatte eine lange Pfadfinderzeit hinter sich, Wandervogelzeiten, wie man damals sagte, und spielte viel Volksmusik. Das mitreißende Singen mit großen Gruppen von begeisterten Menschen ist mir bis heute in lebendiger Erinnerung. Wir trieben alle auch Gymnastik, und mein Mann und ich versuchten, Bewegung, Musik und Atem in Einklang zu bringen. Wir hatten auf diesem Gebiet große Pläne, aber der Krieg 1939 machte alles zunichte.

1933, nach meiner ersten Ausbildung, hatte ich für einige Jahre noch ungehindert meinen Beruf ausüben können. Später, als ich begann, große Gruppen gymnastisch zu leiten, wurde ich angehalten, Kampflieder einzuüben und vor und nach dem Unterricht singen zu lassen. Ich gab deshalb, und weil ich allmählich Hitler-Gegner wurde, diese Arbeit auf. Am schwersten belastete mich die Zeit, in der jüdische Familien, die bei mir gearbeitet hatten, Deutschland verlassen mußten. Und dann kam der harte Einschnitt in unser Leben, als mein Mann gleich am Anfang des Krieges eingezogen wurde.

Vor der Geburt unseres Sohnes, aber auch, um den Bombenangriffen auf Berlin auszuweichen, ging ich aufs Land, ins Haus meiner Eltern zurück. Dort erlebte ich die Kriegsjahre von 1941 bis 1945. Am stärksten ist mir in Erinnerung, wie eine Freundin mit ihren vier Kindern, meine Schwester und ich mit meinem Vierjährigen nach Berlin zurückwanderten. Ja, wir sind nach Berlin ein ganzes Stück gelaufen. Es gab nur eine Fahrt im Lastwagen bis Radebeul, dann erwischten wir einen Güterzug, der zufällig in Richtung Elbe fuhr, bis an die große Eisenbahnbrücke bei Riesa, die zerstört, aber deren hochgespannte Bögen noch vorhanden waren. So hieß es, mit den Kindern über diese Bögen das andere Ufer zu erreichen. Es ging alles gut, aber es war schon ein Abenteuer.

In Berlin fand meine Freundin ihr Haus als rauchende Trümmer wieder, ich fand meine Wohnung ausgeraubt. So ging ich wieder in meine frühere Wohngegend, nach Lichterfelde, und fand Aufnahme bei einer Freundin, die im halbzerbombten Haus ihrer Freunde wohnte.

Nach Kriegsende mußte ich fünf Jahre warten, bis ich endgültig Nachricht bekam, daß mein Mann schon 1945, in den letzten Tagen des Krieges, gefallen war. Meine erste Ehe hatte so zehn Jahre gedauert, während des Krieges haben wir uns aber nur fünfzehn Wochen gesehen, eben in den Urlaubszeiten.

1950 habe ich wieder geheiratet. Mein zweiter Mann war Fotograf und in seinem Beruf sehr beschäftigt. Er konnte verstehen, daß auch ich nicht viel Zeit fürs Haus hatte. Dennoch konnte ich uns ein gemütliches Heim schaffen. Er hatte viel Verständnis für meinen Weg, besuchte auch dann und wann meinen Unterricht, hatte aber zu viel zu tun, um intensiver an der Atemarbeit teilzunehmen. Mein erster Sohn studierte zunächst Wasserbau, interessierte sich dann jedoch so für das Atmen, daß er und seine Frau sich an meinem Institut zu Atempädagogen ausbilden ließen. Sie gründeten ein Institut im Odenwald, in Beerfelden-Falken-Gesäß, das sie heute mit großer Einsatzbereitschaft und Hingabe betreuen.

Das Lebensfeld, das sich mir nach dem Krieg allmählich aufschloß, war so groß, daß für das sogenannte Privatleben nicht mehr viel Zeit verblieb. Kaum war ich wieder nach Berlin zurückgekehrt, hatte ich ja sofort wieder angefangen zu arbeiten. Ich bin immer früh aufgestanden, 6.30 Uhr war ich im Büro und ging 21.30 Uhr abends wieder in meine Wohnung. Die nachmittäglichen Stunden waren Laiengruppen vorbehalten, da sich viele Berufstätige unter den Teilnehmern befanden. Es war also selten möglich, vor dem späten Abend zu schließen. Die immer weiter anwachsenden Aufgaben konnte ich nur bewältigen, indem ich mir sagte: Einen Schritt nach dem anderen – und immer wieder Atem zulassen.

Bei einer so starken beruflichen Belastung hatte ich nicht die Zeit, Freundschaften in der Weise zu pflegen, wie ich es gerne täte. Wer schätzt schon eine Freundin, mit der der Kontakt sich auf einen Telefonanruf alle halbe Jahre beschränkt? Dennoch habe ich einige starke Freundschaften, die durch mein ganzes Leben gehen. Von der Arbeit her kann ich die Weise, in der ich gelebt habe, nicht bereuen. Ich empfinde mein Altern und mein So-sein als ein Geschenk.

Vorläufig arbeite ich noch immer, wenn auch in verminderter Weise in der eigenen Praxis und in der Ausbildung. Viele Lehrgänge führen mich von Berlin in die Bundesrepublik, aber auch ins Ausland, zum Beispiel in die Schweiz und nach Amerika, und neuerdings erhielt ich eine Einladung nach Brasilien. Ich fühle mich jung und glaube nicht, daß ich schon bald mit der Arbeit aufhören muß. So hat mein Arbeitstag eine gewisse Ähnlichkeit mit früheren Zeiten. Immer noch stehe ich früh auf und arbeite während des Tages bis zum frühen Abend entweder im Institut oder leite Gruppen und Seminare.

Ich danke dem Unnennbaren dafür und denke, daß ich so leben darf, weil ich diese Arbeit zu vertreten habe. Von dem Standpunkt bereue ich gar nichts, keine einzige Stunde, die ich in die Arbeit gesteckt habe. Aber vom persönlichen Standpunkt aus gesehen, das muß ich schon sagen, habe ich sehr vieles entbehrt. Aber ich konnte fast nicht anders: ich wollte die Gymnastik durch den Atem vertiefen, und genaugenommen war das nicht einmal ein Willensentschluß.

Ich hatte mit elf Jahren ein Erlebnis, das mich jahrzehntelang nicht ruhen ließ. Ich war gerade im Garten meiner Eltern, als ich in mir hörte: »Du mußt atmen.« Ich wußte natürlich nicht, was das heißen sollte. Ich fragte meine Eltern, und die sagten freundlich: »Warte mal, bis später« – und dachten dabei: »Das ist eine kleine Macke.« Aber die »Macke« wurde dann eben bedeutungsvoll.

Sobald meine Lebensumstände es zuließen, begann ich, intensiv nach Lehrern zu suchen. So lernte ich zum Beispiel Hede Kallmeyer[1] kennen, eine stille und sehr beeindruckende Frau. Sie hatte aus Amerika starke Impulse für die noch junge Gymnastik mitgebracht. Ich kannte auch die bedeutenden Frauen Schlaffhorst und

Andersen[2] noch, deren Vorträge ich in den zwanziger Jahren gehört hatte. Auch bei Elsa Gindler[3] habe ich intensiv gearbeitet.

Während der drei oder vier Jahre, in denen ich nur Gymnastikunterricht gab, begann sich eine Wende in meinem Berufsaufbau abzuzeichnen. Ich wohnte damals im Hochparterre eines Hauses in Berlin und sah die Menschen weggehen, die mit mir gearbeitet hatten, und sah, daß sie mit dem Umziehen den alten Menschen wieder angezogen hatte. Sie gingen die Treppe hinunter durch den Vorgarten, und ich sah sie wieder in ihrer gewohnten Haltung, die eigentlich nichts mehr von dem zeigte, was wir gymnastisch schon erreicht hatten. Ich begann deshalb, nach etwas zu suchen, das den Menschen aus der Tiefe, aus seinem innersten Wesen heraus verwandeln konnte. Außerdem war ich sowohl mit der Nervenmassage als auch mit meiner gymnastischen Ausbildung insofern nicht zufrieden, als der Atem immer willentlich geführt wurde: er wurde zur Bewegung eingesetzt. Ich selber aber dachte, er müßte kommen und gehen dürfen, wie die Natur es bestimmte – sozusagen: der Atem kommt, der Atem geht, und ich muß warten, bis er von selbst wiederkommt. Mir schien, daß man im allgemeinen den Atem nicht so spürte, wie er eigentlich ist, und ihn nicht in seinen uns unbewußten Gesetzen erfaßte.

In Europa hat der Atem oft den Charakter des »Fit«-Machens. In Ostasien ist er ein Übungselement seit Jahrtausenden, man verfährt mit ihm natürlich aus der östlichen Mentalität heraus. Wir müssen aber einen Weg des Atmens finden, der uns Abendländern entspricht. Wenn wir uns zu uns sammeln, den Atem kommen lassen, ihn nicht machen und durch das Zu-uns-Sammeln auch empfinden lernen, meint der Atem nicht nur den Leib, sondern auch das Seelische und Geistige. In diese Ganzheit ist auch das Religiöse eingeschlossen. Die Rückbindung an das Göttliche trägt gerade der ganzheitliche Atem in tiefer Weise. Ob Osten oder Westen – Atem ist eine Kraft, die mit dem Kosmos verbindet.

Selbstverständlich haben mich, nicht zuletzt seit einem Besuch in China, die Taiji- und Qi-gong[4]-Demonstrationen sehr beeindruckt. Ich konnte nicht umhin, unsere Weise zu atmen mit dem Gesehenen zu vergleichen. Zu meiner Freude fand ich viel Verwandtes: das Zulassen des Atems, die stille Art, mit ihm umzugehen. Die Unterscheidung beginnt im bewegten Ausdruck. Die Figurationen im Taiji und Qi-gong sind gegeben, während wir uns gemäß unseres »So-Seins« in der Bewegung durch den Atem ausdrücken. Wir unterstellen uns den Gesetzen des zugelassenen Atems so, wie er zu uns spricht. Er zeigt mir das Bild, das ich jetzt bin. Er meint für uns nicht nur Austausch von Energien, er zeigt mir meine Kompliziertheit oder Einfachheit meines menschlichen Daseins. Er ist letzten Endes wie die Psychologie etwas, was ich erfahren kann. Ich erfahre mich, meine Leiblichkeit, mein seelisches Dasein und die geistigen Einflüsse zugleich. Ich erfahre mich in meiner Ganzheit. Es ist das Ziel, selbstverantwortlich zu werden, selbständig zu werden, selbst zu sein, im Sein einzumünden.

Heute, nach über fünfzigjähriger Berufstätigkeit, läßt sich das so einfach sagen. Damals aber tastete ich mich, mit vielen Umwegen noch, sehr langsam vor. Ich war voller Unruhe bis zum Anfang meiner dreißiger Lebensjahre. In dieser Zeit lernte ich auch die Arbeit von Carl Gustav Jung kennen. In einem seiner Bücher – »Das Ich und seine Beziehung zum Unbewußten« – entdeckte ich eine einfache Zeichnung: zwei Punkte in einem gewissen Abstand voneinander. Den einen bezeichnete er als »Ego« und den anderen als »Wesen«. Das Ego wirft ein Lasso zum Wesen hin und ist damit angeschlossen ans Wesen. Das Wesen wirft ebenfalls ein Lasso um den Punkt, der das Ego darstellt. Dieser Vorgang vollzieht sich ein Leben lang, so daß eine Ellipse entsteht. Es ergibt sich eine Einheit mit zwei Polen, die unaufhörlich aufeinander bezogen sind.

Ich war sehr beeindruckt von diesem Hinweis und entschloß mich zu einer Lehranalyse in der Richtung C. G. Jungs. Es waren wichtige Lehrjahre. Heute weiß ich, daß sich die Psychologie und der »Erfahrbare Atem« unterscheiden. Während das Bild und der Traum die bisherige Psychologie bestimmten, ist es für mich der Atem und die Empfindungsfähigkeit, die sich nicht nur auf Seele und Geist, sondern auch auf den Leib beziehen. Ich sehe im Atem die Möglichkeit, daß sich das Ego dem Wesentlichen zuwenden kann, daß das Ego zum Wesentlichen hinwächst. Für mich ist das Bild von der Ellipse ganzheitsbezogen, also auch leiblich. Vom Atem her gesehen, entsteht so eine veränderte Lebensweise. Das Leben wird sinnvoll in allen drei Kreisläufen – gemeint sind das Seelische, das Geistige und das Körperliche. Dann läßt Atmen Freude entstehen. Die ist nicht mehr abhängig von Besitztum, ist auch nicht abhängig davon, ob man viel arbeiten kann oder muß. Und sie ist auch nicht abhängig von einem nächsten Menschen. Sie ist überhaupt nicht mehr abhängig, sondern sie schafft eine Ichkraft, die ununterbrochen im Gespräch ist mit dem Wesentlichen.

Natürlich macht diese Unabhängigkeit auch einsam. Jeder Mensch wird einsamer, der sich vertieft, der einen religiösen, einen philosophischen oder einen psychologischen Weg geht. Diese Einsamkeit ist aber nicht erschrekkend, finde ich. Man wird selbständig. Es ist die Einsamkeit des Selbständigen, dessen, der selber stehen kann. Ich habe immer gefunden, daß im Einsamsein enorm viel »zu tun« ist: dem Kosmos mit seinen Wundern und seinen unendlichen Fragen, mit dem ich ohne Ende im Gespräch bin, gegenüberstehen! Mich ihm immer neu zuwenden! Und wieviel mehr Möglichkeiten gibt es noch!

In der Zeit des inneren und äußeren Werdens hatte ich eine weitere – die wichtigste – Begegnung mit einem Meister des Atmens: Cornelis Veening. Schon während der ersten Stunde in seiner Gruppe wurde mir klar, daß ich hier die Bestätigung meiner Auffassung von einer Arbeit am Atem und die Antwort auf viele offene Fragen finden würde. Aufgeregt fragte ich Veening, ob ich eine Einzelsitzung haben könnte. Er schaute mich an und fragte: »Ist es dran?«

Damit begann eine jahrzehntelange Arbeit, die mir all das eröffnete, was ich schon als ganz junger Mensch erahnt hatte. Ich bin meinem Lehrmeister tief dankbar – vor allem, weil er mir auch Freiheit gab für meine eigene Entwicklung.

Der Weg des Erfahrbahren Atems – diese Benennung fand ich eines Tages und fand sie sehr treffend – beginnt mit dem Kennenlernen des Leibes. Der Übende sitzt auf einer horizontalen hölzernen Sitzfläche. Wichtig ist das Erspüren der Sitzknochen, die dafür sorgen, daß sich die Wirbelsäule gut aufrichtet und allmählich Gleichgewicht erleben läßt. Ich kann sagen: ich wachse über meinen Scheitel in den hohen Raum hinein. Meine Füße werden vom Boden getragen. Die Arme und Hände ruhen so auf meinen Oberschenkeln, daß die Schultern frei hängen können. Bald spüre ich die erste Atembewegung: das Weitwerden während des Einatmens, das Zurückschwingen in die Ausgangslage während des Ausatmens und die Ruhe nach dem Ausatmen, die im allgemeinen »Atempause« genannt wird.

Diese Atembewegung macht den Körper durchlässig, wenn sie von selbst kommen darf. Sie ändert den Gesamttonus und läßt den Übenden seinen Atemrhythmus kennenlernen. Sie macht durchlässig und bildet und ermöglicht dadurch gleichzeitig seelisches und geistiges Erleben und schließt allmählich viele Möglichkeiten des Übens am Atem ein. Da sind das Dehnen, das den Einatem fördert, die Druckpunkte, die Räume bilden helfen, die Vokalatemraumarbeit, die in besonderer Weise empfindungsfähig macht. Später üben wir am »Spannungsatem«, am Atem mit den Körperhöhlen, am Peripherieatem und noch vieles mehr. Der Weg führt schließlich in die Bewegungen aus dem Atem (nicht der Atem durch die Bewegung). Der Übende kennt sich nun viel tiefer als vor Beginn mit der Arbeit am Atem. Nicht er in seinem Ego allein bestimmt Art und Ausdruck der Bewegung, sondern seine wesentlichen Kräfte, an die er sich anschließt durch seine gesammelte Hingabe.

Der Weg des Atems ist ein lebenslanger. Er ist ein Zustand, der so zu verwandeln vermag, daß auch das Kranksein unnötig oder »vergessen« wird, und zwar indem die Lebenskräfte wachsen und so der Störung allmählich den Boden entziehen.

Natürlich blieb es nicht aus, daß ich die Wirksamkeit des Atems auch am eigenen Leib erprobte. Die Natur hat mich mit einer übermäßig langen Gallenblase ausgestattet. Das gab viel Unruhe, ich war ein »Schreikind«. Durch vorsichtige Ernährung habe ich aber viele Jahre besondere Probleme vermeiden können. Nach dem Zweiten Weltkrieg hatte ich trotzdem zum zweiten Mal eine Hepatitis. Da ich gegen Operationen bin, entwickelte ich mit der Zeit eine Diät, an die ich mich bis heute mehr oder weniger halte. Wenn ich doch akut Beschwerden kriege, habe ich meine

Atemübungen – ich kann sie gar nicht Übungen nennen. Ich benehme mich dann so, daß die Schmerzen nachlassen. Ich lege meine Mittelfingerkuppen aneinander, dann geht es mir schon nach fünf oder zehn Minuten besser. Ich übe Gedankenstille, lasse mich tragen und atme.

Jeder einzelne Schritt auf dem von mir entwickelten Weg des Erfahrbaren Atems beruht auf Intuition, die dann aber streng ausgearbeitet wurde. Ich habe nur immer gespürt: dies ist der nächste Schritt. So entstand der Aufbau der Lehre. Ich fand »Sammeln, Empfinden, Atmen« – gleichsam die Formel für den Erfahrbaren Atem. Daran wurde ich wach und arbeitete es aus. Auch der weitere Aufbau entstand aus solchen Einfällen. Sie waren plötzlich fertig da. Die Fingerkuppenarbeit ist auch beim Üben entstanden. Ich habe nicht gesucht, ich habe die Gesetze des Atmens aufgrund des Zulassens gefunden. Eigentlich könnte man das als Motto schreiben: Ich habe gefunden, ich habe nicht gesucht! Ich habe immer von innen empfangen. Und ich bin noch lange nicht am Ende angelangt, die Arbeit ist bis heute nicht abgeschlossen. Sie wächst mehr und mehr und bringt stetig mehr Weite und mehr Tiefe.

Einmal habe ich vor der Frage gestanden, ob ich nicht doch in eine andere Richtung weitergehen sollte. Ich hatte mich schon immer für vieles interessiert, was den Menschen und seine Wandlungen angeht, und würde auch heute viel mehr da und dort sein, wenn ich mehr Zeit hätte. So war ich zum Beispiel eine der ersten, die die transzendentale Meditation in der Bundesrepublik kennenlernte. Auf der Suche nach neuen Anregungen kam ich auch zu einem chinesischen Ehepaar, das Anfang der fünfziger Jahre Akupunkturkurse hielt. Diese östliche Therapie war damals hierzulande noch wenig bekannt, und ich begeisterte mich sehr für diese Möglichkeit. Der

Arzt fand mich begabt und sagte: »Sie würden sehr viel ausrichten können.« Da kamen mir schon Zweifel: Weitergehen auf dem Weg des Atems oder die Lehre der Akupunktur annehmen? Da beide Wege den Anspruch haben, ausschließlich zu sein, entschied ich mich für den Erfahrbaren Atem.

Nicht immer fand ich Zustimmung. Besonders zwischen 1935 und 1960 gab es immer wieder erstaunte Gesichter, wenn von der Arbeit am Atem die Rede war. Dennoch bekam ich mit der Zeit Gelegenheit, meiner Arbeit auch im Rahmen öffentlicher Institutionen nachzugehen. Ich unterrichtete in Kindergärten, Horten, Volkshochschulen, in Einrichtungen der Erziehungsberatung und sogar in einem Krankenhaus. Die Patienten kamen immer ausgesprochen gern.

Durch meine Erfolge in den verschiedenen Institutionen ermutigt, versuchte ich 1952, die Atemarbeit in die Schulen zu bringen. Es ist außerordentlich wichtig, daß schon im Kindesalter das Atmen erfahren werden kann. Als ich diesen Gedanken einem Schulrat vortrug, zeigte er sich interessiert, fragte jedoch: »Und was können Sie als zweites Fach unterrichten?« Meine Antwort: »Ich habe nur das Atmen – ich kann nur atmen.« Damit waren meine hoffnungsvollen Pläne erledigt.

Obwohl wir die heilende Wirkung unserer Arbeit immer wieder von neuem beobachten, ist der Ausdruck »Atemtherapie« bis heute umstritten. Inzwischen sage ich gerne und mit voller Überzeugung »Atemlehrer« oder »Pneopäde«. Seit dreißig Jahren bemühen wir uns, vom Staat gesehen und anerkannt zu werden; als ich noch im Vorstand der Arbeitsgemeinschaft für Atempflege, dem Verband der Pneotherapeuten und Pneopäden war, habe ich miterlebt, daß nur dann und wann eine neue Berufsart staatlich anerkannt wurde. Vor einigen Jahren waren es die Logopäden, in deren Randgruppen die Atempädagogen einbezogen wurden.

Ich werde manchmal gefragt, warum ich nicht bekannter bin. Ich hätte doch schon längst deutlicher hervortreten können. Da sage ich: »Nein.« Meine Arbeit muß tiefe Wurzeln haben, und sie muß in sich stimmen. Das braucht Zeit und Stille. Die Wurzeln derer, die meine Arbeit übernehmen und weitergeben, müssen ebenso tief fundiert sein. Nur so können wirklich neue Wege entdeckt werden.

Ich meine, daß das Weibliche an sich, eben Yin, ans Licht drängt, und daß es zwei oder drei Jahrtausende vom Männlichen – Yang – geführt, aber auch unterdrückt wurde. Ich denke dabei an die furchtbare Zeit der Hexenverfolgung, die auf schreckliche Weise weibliche Kraft und Kreativität vernichtet hat. Ich selber bin dem männlichen Zeitalter dankbar, weil es Form und Gestalt in das menschliche Leben gebracht hat. Aber nun wird es höchste Zeit, daß das Weibliche als Ausgleichskraft auftaucht und daß »Yin« *und* »Yang«, »männlich-weiblich«, ins Gleichgewicht kommen und allmählich eine neue Epoche prägen.

Ich bin nicht politisch aktiv. Das übersteigt die Grenzen meiner Leistungsfähigkeit insofern, als mich meine berufliche Tätigkeit ganz ausfüllt. Politische Tätigkeit hätte für mich einen zu großen Umfang. Aber ich habe »politisches Gefühl«. Das Gefühl zieht mich zu den Menschen, die die Natur schützen und die gegen die militärische Hochrüstung sind. Merkwürdigerweise hat mich mein »politisches Gefühl« nie getäuscht! Mensch und Natur müssen wieder in den Mittelpunkt des Daseins rücken – auch dann, wenn wir unter Umständen weniger Luxus besitzen und wieder einfacher leben müssen.

Die Frauenbewegung bestätige ich vor allem durch meinen eigenen Einsatz. Allerdings bedauere ich, daß die männliche Seinsweise durch Frauen oft nur nachgeahmt wird. Die neue Frauenbewegung muß sich aus dem Wesen der Weiblichkeit aufbauen und sich nicht nur äußerlich gebärden. Man entthront den Mann und sagt einfach: »Ich kann das besser.« Das meine ich nicht. Ich meine, die tiefe Urkraft, die aus dem Weiblichen aufsteigt, die das Weibliche darstellt, muß erfahren werden. Das Weibliche bedeutet Substanz, Inhalt, ist noch ohne Gestaltung. Das Männliche ist der Weg, die gestaltete Form, die aus dem Inhalt entspringt. So wie der Weg zurückkehrt in die Substanz, so speist die Substanz immer wieder den Weg. Die Arbeit mit den »Höhlen«, ein wichtiger Abschnitt in der Arbeit am Atem, spiegelt diese Zusammenhänge und macht sie als einen Teil des eigenen Wesens erfahrbar.

Um dies wie auch alle anderen Schritte auf dem Weg des Atems erfahren zu können, muß man unvoreingenommen und für das jeweilige Erlebnis wirklich offen sein. Erfahrungen kann man nicht »machen«. Es ist vielmehr ein Seelenzustand, in dem ich etwas so sein lasse, wie es ist. Erst muß ich etwas zulassen, dann kann ich es betrachten und mich damit auseinandersetzen. Aber für diese Art von Erfahrung braucht man den Mut zu Neuem, viel Übung – und Geduld!

Tanztherapie
Trudi Schoop

»Tanz und Bewegung ist für mich, was andere Menschen im Beten vielleicht erfahren. Es ist für mich ein Dank, daß ich lebe, daß ich hier bin, daß ich das alles sehen darf, alles hören darf, alles aufnehmen darf. Es ist also nicht ein Beten um Kraft oder um was immer. Es ist eher ein Dank.«

Los Angeles, 23.2.1988

Die Tanztherapie wurde zur gleichen Zeit, während der vierziger Jahre, unabhängig voneinander an der Westküste und an der Ostküste der Vereinigten Staaten entwikkelt. An der Ostküste arbeitete Marian Chase[1] in einem Washingtoner Krankenhaus, während Trudi Schoop in Los Angeles erste Tanzschritte mit psychotischen Patienten probierte.

»Tanz« ist für Trudi Schoop nicht die Ausführung vorgefertigter Formationen, sondern ein individuell geschaffener Stil körperlicher Bewegung, der das Wesen des Menschen spiegelt. Ihre Therapie geht davon aus, daß der Tanz den ängstlichen, in sich gekehrten, weltabgewandten Menschen öffnen kann. Ihr therapeutischer Ansatz beruht auf der Beobachtung, daß der psychisch kranke Mensch auf einer persönlichen Bühne die Fragmente einer Komödie, Tragödie oder Posse aufführt. Für sie ist Tanzen eine Form der Kommunikation und entspricht einem vitalen Bedürfnis. Über den Tanz soll ein Weg eröffnet werden, komplexe und verborgene Gefühle non-verbal zu artikulieren.

Grundlagen der praktischen Arbeit sind die Mittel und Elemente des Tanzes: Haltung, Gebärde, Bewegung, Körpervorstellung, Identität, Projektion und Identifikation des Selbsts werden tänzerisch erprobt. In Verbindung mit Musik wird – gemäß den Möglichkeiten des einzelnen – an der Erfahrung des Atmens, des eigenen Stehvermögens, der körperlichen Mitte und an den unterschiedlichen Spannungen im Körper gearbeitet. Zur kreativen Bewegung durch Musik angeregt, soll eine Erfahrung von Raum, Zeit, Bewegung, Rhythmus und des eigenen Zentrums gewonnen werden; die Erweiterung der Erlebnismöglichkeiten und die Kräftigung des eigenen Lebensgefühles stärken die Selbstheilungskräfte des Menschen.

Inzwischen ist das Unterrichten in Tanztherapie zu einem eigenständigen Beruf geworden. Da »Tanztherapeut« kein geschützter Begriff ist und sich letztlich jeder so nennen könnte, gibt es aber noch kein einheitliches Berufsbild. Außerdem haben sich in den letzten Jahren eine Reihe unterschiedlicher Ansätze herauskristallisiert; die meisten laufen analog zu den verschiedenen psychologischen Schulen. Insofern konnte bisher auch kein theoretisches Modell, das einheitlich für alle tanztherapeutischen Richtungen verbindlich sein könnte, erarbeitet werden.

Als ich Kind war, wohnten wir im Hotel Dolder oben am Zürichberg. Wenn ich mich so erinnere, bin ich in eine wunderbare Zeit hineingeboren worden. Die Leute waren freundlich, meine Mutter war unglaublich frei, mein Vater auch. Er war Redakteur, und viele Menschen aus dem Schauspielhaus in Zürich gingen bei uns ein und aus. Ich erinnere mich an Partys, die meine Eltern gaben. Da hat man gesungen und gefressen natürlich, und es war richtig schön und freundlich und ohne jeden Arg.

Meine Mutter liebte Musik sehr. Wenn wir lachen wollten, haben wir sie immer gebeten, etwas zu singen; sie sang vollkommen falsch. Sie hat es auch selbst gehört, aber sie konnte es nicht ändern. Wir vier Kinder haben natürlich schrecklich gelacht. Paul, der Jüngste, war hochmusikalisch; er ist später Musiker geworden und hat die Kompositionen für die meisten meiner Stücke geschrieben. Max, der Älteste, wurde ein großartiger Maler, und Hedi, die Zweitjüngste, ist hier in Amerika eine angesehene Keramikerin geworden. Alle in der Familie konnten malen und zeichnen. Ein Großvater väterlicherseits war Zeichenprofessor im Thurgau gewesen, überhaupt spielte die Kunst eine zentrale Rolle in unserem Leben.

Einerseits war also eine unerhörte Freude in mir, wenn ich mit unseren Tieren spielte oder wenn ich im Gras herumruckelte, andererseits waren da Ängste, und ich konnte beide Zustände nicht zusammenkriegen. Ich konnte nichts von der Kraft, die ich in meiner Lebenslust hatte, in diese andere Sphäre hineinbringen. Ich rannte. Ich hatte Angst, eine grauenhafte Angst. Teilweise kam sie aus einem schlechten Gewissen, daß ich bestraft werde, aber ich hätte nicht gewußt, wofür. Ich spürte einfach, wie sich das Leben veränderte.

Als der Erste Weltkrieg begann, mußte mein Vater in den Militärdienst. Er war Linkshänder, bei dem das mit dem Schwert, oder was das war, nicht richtig funktionierte, und deshalb wurde er Koch. Ich durfte dann jeweils die Suppe probieren. Das war alles noch lustig. Meine Brüder wurden auch eingezogen. Paul war irgendwo als Trompeter, und da durfte die ganze Familie am Abend hingehen. Er trompetete, und die Soldaten sangen. Das war alles noch unerhört lebendig, kraftvoll und von einer derben Lustigkeit. Sehr bald hörten wir aber von den ersten Kriegsverwundeten. Von da an hat sich etwas in mir vollkommen verändert. Ein oder zwei Monate vorher waren die Soldaten jubelnd – jubelnd! – in den Krieg gegangen, später in Berlin habe ich diese Menschen gesehen, bettelnd, die Beine amputiert ... Für mich hat da etwas gekracht und ist kaputtgegangen.

Ich war sechzehn, als ich's verkündigte: »Ich will tanzen.« Da haben mein Vater und die Brüder natürlich wahnsinnig gelacht. Ich war dick und ein Bauernmädchen. Aber meine Mutter hat gesagt: »Ich finde keinen Grund zum Lachen, ich finde es wunderbar, daß Trudi weiß, was sie will.« Von da an konnte ich machen, was ich wollte. Ich habe zu meinem Vater gesagt: »Ich muß jetzt einen Pianisten haben und einen Saal, ich muß üben können.« Woher ich wußte, daß man einen Pianisten haben muß und einen Saal, das kann ich nicht sagen. Woher meine Selbstsicherheit kam? Ich mußte einfach tanzen! Ich mußte einfach alles tun, um tanzen zu können. Ich kann das nicht erklären.

Da mein Vater Redakteur war, hatte er immer zwei Plätze im Stadttheater, und da bin ich oft am Sonntag mit hingegangen. Ich habe damals viel Ballett gesehen, traditionelles Ballett, Opern und auch Lustspiele. Insofern war mir die Theateratmosphäre nicht unbekannt. Aber da ich nie irgendeinen Unterricht hatte, wußte ich gar nicht, wie man mit Tanzen anfängt – und doch hab' ich's gewußt.

Das Waldhaus Dolder, dessen Präsident mein Vater war, ist ein großes Hotel mit einem wunderbaren großen Saal. Ein Pianist sollte für mich spielen, ich habe Klaviermusik gekauft und habe sie ihr gegeben. Wenn ich dann zum Beispiel merkte, zu dieser Musik mußt du springen und leicht sein (ich konnte damals nicht leicht sein), habe ich einfach diese Stellen gestrichen, egal, ob von Beethoven oder Brahms oder sonstwem. Ich meine, ich bin mit allen Komponisten umgegangen wie eine Sau!

Eines Tages habe ich dann den Grand Galoppe von Liszt getanzt. Das ist ein unerhört technisches Stück und schreit eigentlich nach Sprüngen und nach Haltung. Die hatte ich aber nicht. Da begriff ich, daß ich eine Schulung brauchte. Ich wollte auf den Spitzen gehen können und leicht sein, ich wollte das Bein schwingen und ich wollte springen können. Den Ausdruck aber, das, was ich aussagen wollte, das wollte ich selbst entscheiden. Ich habe zu meinem Vater gesagt: »Ich tanze dir vor, dann siehst du, daß sich meine Arbeit lohnt. Und dann will ich Ballett studieren.«

Also bin ich nach Stuttgart gegangen und habe dort ein Ballettstudium begonnen. Ich blieb etwa zwei, drei Monate. Der Ballettmeister war alt und die Strenge in Person. Der hat gehauen. Der gab uns Nadeln, die an beiden Enden zugespitzt waren, und wir sollten sie zwischen

Daumen und Mittelfinger festhalten. Das Bein sollte hochgehen, ohne daß die Hände mitgenommen wurden. Wenn man aber ein Battement macht oder einen Sprung, bewegen sich die Finger natürlich. Du fängst erst mal an, dich zu verkrampfen; wir waren immer blutig an den Fingern und mußten trotzdem lächeln. Das Lächeln ist ein steinernes Gesicht geworden. Als ich nicht mehr lächeln konnte, bin ich weggegangen.

Ich kam dann zu einem Ballettmeister nach Wien. Der war viel netter und hatte Hunger. Es war die schreckliche Zeit Anfang der zwanziger Jahre, die Zeit der Inflation und des Hungerns in Deutschland und Österreich. Ich bekam Liebespakete aus der Schweiz und gab einen Teil an meinen Lehrer weiter. Deshalb hatte er große Geduld mit mir. Ich bin kein technisches Genie. Er hat mir beigebracht, links von rechts zu unterscheiden, er lehrte mich mit viel Geduld Springen, Drehen... Aber das dauerte auch nicht lange. Mein Vater war krank geworden, und ich mußte nach Hause zurück.

Damals dachte ich: Ich will Geld verdienen – und habe deshalb an der Brotgasse in Zürich eine Schule aufgemacht. Ich war damals achtzehn oder neunzehn, ich hatte knappe neun Monate Ausbildung hinter mir, und der Raum war voll von jungen Mädchen. Die waren alle gekommen, weil sie einen Tanzabend von mir besucht hatten. Ich hatte damals schon den Ruf, daß ich ganz wunderbar tanze.

Ich weiß noch, wie ich zum ersten Mal vor allen diesen Schülerinnen stand. Ich konnte eigentlich nichts, aber ich habe gesagt: »Jetzt laßt einmal euren Kopf hängen«, und alle taten, was ich wollte. Dann hab' ich gesagt: »Könnt ihr ihn auch nach hinten hängen lassen?« Da ließen alle den Kopf nach hinten hängen und dann zur Seite und so weiter – alles Übungen, die heute in der sogenannten

Tanzausbildung normal sind, Lockerungen, Spannung und Springen.

Anfangs waren zwanzig Frauen in meiner Tanzschule, aber kein Mann. Wenn du vor dreißig Jahren einem Mann gesagt hast: »Komm, jetzt wollen wir uns bewegen, jetzt tanzen wir einmal einfach so«, dann hat der geantwortet: »Bist du verrückt geworden? Ich soll tanzen? Ich bin doch kein Weichling, ich bin doch ein Mann. Ein Mann tanzt nicht.«

Die Männer gehen zum Ballett, das ist männlich genug. Ein Bein herausstellen, gerade stehen, den Kopf stolz heben, vierhundert Touren drehen und doch noch ruhig stehen, wenn man ankommt: das galt als männlich.

Stunden geben hat mich sofort sehr fasziniert. Ich spürte, daß ich einen Menschen viel besser durch seine Bewegungen verstehe als durch das, was er sagt. Das ist bis heute so geblieben. Ich höre schlecht zu, aber ich sehe gut.

Damals war ich die erste Schweizer Tänzerin dieser Art. Heute weiß ich, daß es damals auch andere Frauen gab, die nach einer neuen Art suchten, zu tanzen, anders zu tanzen, als es das klassische Ballett vorschrieb. Leider bin ich mit all denen nicht zusammengekommen.

Diese Schule hatte ich etwa ein Jahr. Dann stellte mir die Stadt Zürich ein altes, zauberhaftes Kirchlein als Tanzstudio zur Verfügung. Bedingung war, daß wir die Turmuhr aufziehen und die Stunden läuten mußten. Das haben wir natürlich immer wieder vergessen, und die Umgebung ist furchtbar böse geworden. Schließlich kam der ganze schwarzgekleidete Stadtrat zu uns, und ich mußte mich rechtfertigen. Das ganze Kirchlein war voll von schwarzen Männern!

An dieser Schule hatte ich nicht nur Laien. Eines Tages ist Edith Carola, die später die Stütze meines Ensembles wurde, weinend ins Kirchlein gekommen. Sie sagte, sie sei aus dem Ballett des Stadttheaters ausgegliedert worden. Sie war sehr groß, ihre Freundin auch, zusammen waren sie wie Pfeiler im Ballettcorps gewesen. Nun hatte diese Freundin aber geheiratet und war aus dem Corps ausgeschieden, und mit der Carola allein konnte der Ballettmeister nichts anfangen. So ist sie zu mir gekommen. Ich sagte: »Also ich kann dir noch nichts bezahlen, aber komm nur!« Von da an war sie in meiner Schule; die größte Begabung, die ich je gesehen habe. Unwahrscheinlich! Von einer Zartheit und einer Grobheit – sie hat alle Register gehabt. Das Stadttheater hat so was damals einfach nicht gebraucht. Die Mädchen mußten möglichst gleich sein, die Beine gleich hoch schwingen können, schnell drehen, manchmal brauchten sie ein bißchen Spanisch, für Carmen, aber nicht mehr.

Dann kam ein Brief aus Paris, ob ich mich an einem Tanzwettbewerb beteiligen wolle. Alle großen Tänzer waren damals dort, u. a. Kurt Joos und eine Gruppe von Mary Wigman – es war ein internationaler Tanzwettbewerb. Da sagte ich zu. Es entstand »Fridolin, erster Teil«, ein getanztes Schauspiel. Ich spielte Fridolin, einen jungen Mann, der mit allem möglichen zusammenstößt, mit schrecklichen Leuten, die immer beten, mit Menschen, die nur turnen, mit Apachen und so fort. Dabei ziehe ich als Fridolin immer den kürzeren. Aber ich gebe nicht auf. Ich gehe von einer Begegnung zur anderen, am Schluß wirft mich die Gesellschaft heraus, und ich gehe mit großen Schritten und viel Mut in eine andere Welt.

Das habe ich also 1932 in Paris aufgeführt und den vierten Preis dafür bekommen.

Ich bin dann mit der Gruppe, mit der ich in Paris aufgetreten war, rumgereist und kam auch nach Berlin. Wenn du damals aus der Schweiz nach Berlin kamst, hattest du das Gefühl, daß die Leute dort viel froher

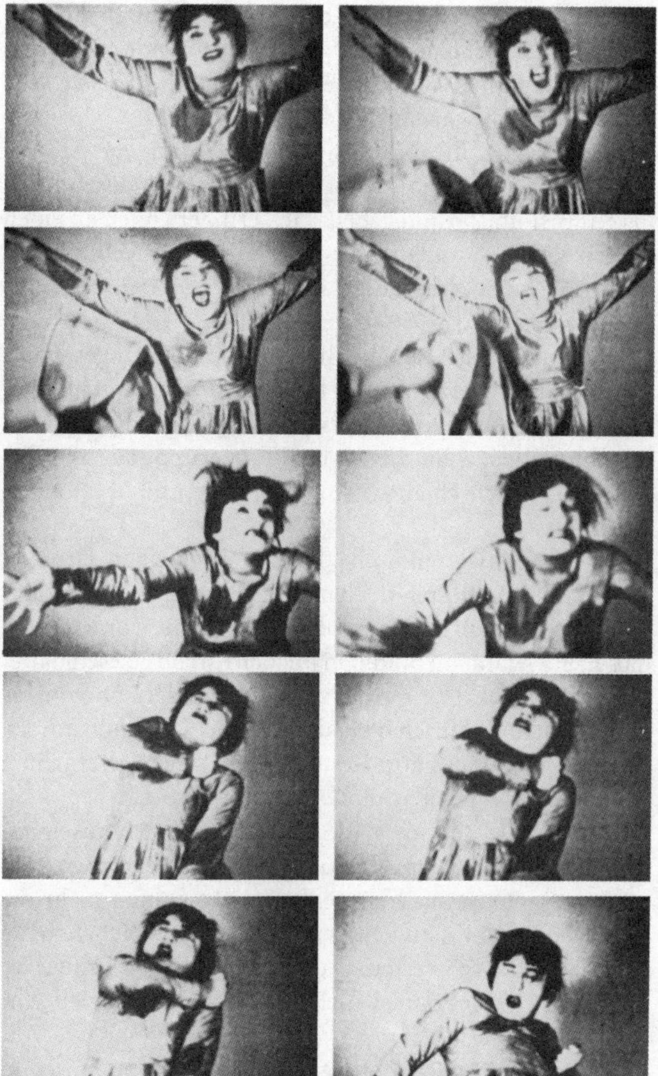

Valeska Gert

waren, frech und draufgängerisch. Sie hatten einen ganz eigenartigen, schlagenden, fast bösen Humor. Dort sah ich auch Valeska Gert zum ersten Mal. Ich habe sie sehr bewundert, sie war lange Zeit mein Vorbild.

Eines Tages, die Nazis waren schon an der Macht, kommt mein Manager zu mir und sagt: »Du mußt morgen ins Kultusministerium gehen.« Ich erinnere mich an einen langen Korridor, überall standen SA- und SS-Männer und haben die schwarzen Stiefel aneinandergeklappt und gegrüßt, und mir war es grauenhaft.

Der zuständige Beamte hat mich lange angeschaut. Dann hat er gesagt: »Sie sind doch ein blauäugiges, blondes Menschenkind. Sie können an Geld alles haben, was Sie wollen, wenn Sie uns eine Tanzgruppe aus blonden deutschen Menschen zusammenstellen und Ihre Leute gehen lassen.«

Ich hatte viele jüdische Tänzer in meiner Gruppe, darauf hat er angespielt. Ich habe geantwortet: »Das kann ich nicht, das will ich nicht.« Dann hat er mir vorgehalten, daß Erika Mann im Studio in meiner Kirche gelesen hatte. Ich war mit Erika Mann sehr befreundet, obwohl es damals auch in Zürich hieß, daß sie eine Kommunistin sei. In meiner Kirche hatte sie aus ihren Kindergeschichten gelesen, das war nicht mal etwas Politisches.

Der Beamte und ich sind mit großem Krach auseinandergegangen, und am Abend als wir ins Theater wollten, war es geschlossen. Wir konnten nicht einmal mehr die Koffer mit den Kostümen herausholen. Am nächsten Tag ging ich zum schweizerischen Konsulat. Der Schweizer hat gesagt: »Wir können auch nicht viel machen, vielleicht kann Ihnen Bern helfen.«

Ich bin also nach Bern gereist und dort in unserem Bundeshaus von einem zum anderen gegangen, und alle haben gesagt: »Wir würden Ihnen sehr gerne helfen.

Wenn Sie einen Turnverein hätten, könnten wir Ihnen alles geben, was Sie wollen. Für Tänzer haben wir einfach nicht die Möglichkeiten.«

Wir waren eine Gruppe von zweiundzwanzig Menschen. Ich hatte nichts mehr und wußte nicht, wie weiter – also, es war schrecklich.

Eine Zeitlang habe ich dann bei Werner Fink[2] in der »Katakombe« gearbeitet. Das war damals in Berlin ein politisches Kabarett; Fink war wirklich mutig und ist später immer wieder an die Front geschickt worden, zur Strafe.

In jener Zeit war es überall gefährlich. Später, im Kabarett »Cornichon« in Zürich, waren wir die einzigen, die noch den Mund aufmachen konnten. Mitten während des Zweiten Weltkriegs haben wir antifaschistisches Kabarett gemacht, obwohl die Schweizer sehr darauf bedacht waren, keinen Anstoß zu erregen. Wir hatten auch von Bern her in jeder Premiere einen Aufpasser, der aufschrieb, was wir sagten. Nach einer Woche hieß es dann: Dies und jenes dürfen Sie nicht sagen, diese Rolle müssen Sie streichen, wir kommen in vierzehn Tagen noch einmal vorbei.

Es ging um Texte gegen Hitler, gegen Nazi-Deutschland. Wir haben nichts gestrichen. Wir hatten zwar viel Ärger, aber wir waren in einer so kämpferischen Stimmung, daß man uns schlecht etwas verbieten konnte.

Ein Tanz von mir wurde später doch verboten: »Der sterbende Schwan«. »Der sterbende Schwan« ist ein Solo, das auf Wunsch der Primaballerina Anna Pawlowa zur Musik von Saint-Saëns' »Karneval der Tiere« geschaffen worden war. Seit sie es 1907 in St. Petersburg uraufgeführt hatte, ist es als der Inbegriff vollkommener Tanzpoesie betrachtet worden. Ich habe den »Sterbenden Schwan« als Hitler getanzt mit schwarzer Uniform, schwarzem

Tütü, und der ausgestreckte Arm des sterbenden Schwans hatte eine nicht ganz zufällige Ähnlichkeit mit dem deutschen Gruß. Die Leute haben sich gebogen vor Lachen, und am nächsten Tag kam der Direktor und verbot den Tanz. Es hieß, ihr könnt nicht das Oberhaupt eines anderen Landes lächerlich machen.

Noch während des Krieges habe ich angefangen, in Amerika auf Tournee zu gehen. Aus dem »Cornichon« hatte ich wieder eine Gruppe zusammengestellt, mit der habe ich dann in allen größeren Städten der USA gespielt. nach dem Krieg kam ich zurück, in Europa sah alles zerschossen aus, es war furchtbar. Ich bin in die Schweiz gekommen und habe gesagt: Ich gehe wieder nach Amerika und bleibe da.

Eines Tages, es war 1947, wußte ich plötzlich: Ich kann nicht mehr. Ich war seit ungefähr zwanzig Jahren auf der Bühne und hatte zwanzig Jahre lang kein richtiges Heim gehabt. Es war einfach zu viel, ich wollte aufgeben. Ich konnte nicht mehr.

Damals war mir aber auch mehr und mehr klar geworden, daß man geistig »verrückten« Menschen mit Bewegungen helfen könnte; ich hatte mir ja als Kind mit meinem Tanzen selber aus der Angst geholfen. Inzwischen habe ich mich ein bißchen eingekriegt, zumindest die eine große Angst erledigt. Ich gucke zwar immer noch unters Bett, ehe ich nachts schlafen gehe, oder in eine Schublade, aber im allgemeinen habe ich die Angst überwunden. Ich wollte versuchen, nun auch anderen zu helfen.

Ich bin in ein psychiatrisches Krankenhaus in der Nähe meines neuen Wohnortes Los Angeles gegangen und habe gesagt, daß ich gerne mit den Patienten tanzen würde. Der Chefarzt war mit dem Experiment einverstanden.

Anna Pawlowa tanzt den »Sterbenden Schwan«

Als ich in meiner Kindheit so viel Angst hatte, habe ich mit niemandem darüber gesprochen. Ich habe nichts getan, nichts mehr gegessen und bin spindeldürr geworden. Meine Mutter hat mich zum Arzt gebracht, und der sagte: »Das Kind ist sehr schwach, es muß viel essen und in guter Luft leben.« Also haben sie mich ins höchste Dorf in der Schweiz gebracht, wo das Edelweiß noch auf den Gräbern wächst, in ein kleines Hotel mit einem wunderbaren Liegestuhl, und da saß ich nun. Die Ängste, die dort in mir hochkamen, kann ich überhaupt nicht beschreiben. Vielleicht bin ich deswegen so darauf erpicht, daß man sich ausdrückt. Nur durch den Ausdruck wirst du dir über deine eigenen Gefühle klar. Wenn du sie nicht ausdrückst, einfach dastehst wie eine Mumie und inwendig halb stirbst, geschieht gar nichts. Und wir sind eben dazu da, gemeinsam zu sein. Wir müssen mit anderen Menschen kommunizieren.

Wie wichtig es ist, sein Gefühl nicht nur zu erleben, sondern es auch für andere verständlich zu gestalten: das hatte ich beim Tanzen gelernt. Zuerst habe ich angefangen, zu improvisieren. Dabei bleibst du immer auf demselben Platz. Du improvisierst vielleicht Traurigkeit. Traurigkeit in allen möglichen Formen und Farben, aber erst wenn du sie gestaltest, wirst du davon befreit. Das Improvisieren bringt die Gefühle hoch, die in dir sind, Angst oder Traurigkeit oder Freude. Aber solange du improvisierst, bist du immer in diesem Zustand drin. Erst wenn du anfängst zu sagen: So und so ist hier die Bühne, ich komme da heraus, so und so will ich das haben – also erst, wenn du gestaltest, wenn du es konzentrierst, geschieht etwas mit dir.

Es ist ein Bewußtseinsprozeß, wenn du anfängst zu formulieren. Wenn Träume gestaltet werden und Leben annehmen, sind sie plötzlich nicht mehr bedrohlich. Wenn etwas lebt, ist es nicht bedrohlich, nur wenn es tot ist, wird es bedrohlich. Ich glaube, wenn du deine Gefühle aus dir herausstellen kannst, wenn du kommunizieren kannst, wenn du einem anderen zeigen darfst, wie du fühlst, wird das ein wichtiger Prozeß in der Heilung sein. Psychotiker sind voll von Geheimnissen. Die sind von Kopf bis Fuß auf Geheimnisse eingestellt. Das nicht, jenes nicht, das darf man nicht wissen, jenes darf man nicht wissen: Was macht jetzt der da hinten? Was macht die da hinten? – und so weiter und so weiter, alles Geheimnisse.

Am Anfang wollte ich die Menschen, mit denen ich zu arbeiten begonnen hatte, zu einer besseren Haltung animieren. Eine bessere Haltung ist eine, die dir erlaubt, zu reagieren. Sagen wir mal, wenn einer kommt, dem du eine schmieren mußt, und du müßtest zuerst deine Haltung auflösen, in deine Mitte zurückkehren und könntest erst von dort ihm eine hauen, dann hast du vorher eine falsche Haltung gehabt. Der lebendige Körper ist der, der sofort losrennen kann, sofort attackieren kann, sofort im Leben drinstehen kann. Alle diese lebenswichtigen Aktionen sind kaputtgemacht, wenn du nicht eine Haltung hast, die absolut frei ist.

Um eine freie Haltung zu bekommen, ist es wichtig, am Zentrum des Menschen, des Körpers, zu arbeiten. Diese Mitte ist unser Halt. Es ist eine großartige Kraft, die da ist. Da bist du. Es gibt Menschen, die diese Mitte gar nicht spüren, die dich nicht verstehen, wenn du sagst: »Versuch einmal, von den Armen und Beinen aus strahlenförmig diese Muskeln hier unten im Bauch zu fühlen und dann wieder loslassen.« Alle Körperstellungen gehen von dieser Mitte aus, und immer ist dort jemand zu Hause. Aber bei kranken Menschen ist eben oft niemand zu Hause. Da ist nichts. Das sagen sie dir auch: »Da ist nichts. Was soll da sein?« Ich sage: »Alle deine Kraft. Deine Liebe, deine Sorgen, alles ist da drinnen.« »Das ist mir ganz neu.«

Am Anfang hatte ich einmal eine Gruppe von acht Patienten. Jeder war in einer anderen Weise wütend. Aber diese Wut war eingefroren im Körper. Ich fragte in die Gruppe: »Waren Sie auch schon einmal wütend?«

»Nein, nein! Meine Großmutter hat Masern bekommen, weil sie wütend war« oder »Wütend sein ist nicht gut« – und so fort.

Ich sah, daß ich so nicht weiterkam. Da habe ich versucht, in einfachen Übungen Wutsituationen im Menschen zu finden. Als die Patienten sich bemühten, fehlte vollkommen der Affekt. Eines Tages habe ich meinem Pianisten gesagt, er soll etwas lauter spielen und rascher. Es klang wie eine kleine Übung von Bewegungen des Wütendseins. Da ist ein Mann ausgeflippt. Plötzlich hatte er einen fürchterlichen Wutanfall, und ich habe eine genauso fürchterliche Angst bekommen. Ich sah, wie die anderen Patienten bewundernd um diesen Mann herumstanden, der schrie und boxte und kickte und tat wie ein Wahnsinniger. Hab' ich eine Angst gehabt! Da nahm ich seine Hand und bin mit ihm herumgerannt. Ich weiß nicht, wie lange. In einem großen Saal sind wir einfach gerannt und gerannt und gerannt, und dann habe ich versucht, ihn rückwärts gehen zu lassen. Ich konnte ihn an beiden Händen fassen und ihn vor- und immer wieder zurück- und immer mehr zurückgehen lassen: wenn ein Mensch zurückgeht, kommt er zu sich. Es ist wie ein In-sich-Hineingucken, In-sich-selber-Hineingehen.

Am nächsten Tag kam dieser Mann nicht zur Stunde. Ich bin zu ihm gegangen, er war sehr böse. Ich habe gesagt: »Wir brauchen dich in der Stunde.« Er hat nicht geantwortet. »Du weißt jetzt, wir brauchen dich, und es wäre schön, wenn du wiederkommst.«

Tags darauf ist er wiedergekommen, ich habe die Übungen wieder aufgenommen, aber ich hatte jetzt einen Blick dafür, wann ich jemanden zurücknehmen muß, damit er nicht ausflippt. Das hat absolut keinen Sinn. Der Mensch ist dann wie außer sich, und ich möchte ja, daß er zu sich kommt. Inzwischen mache ich das immer so: wenn ich sehe, daß es gefährlich wird, gehe ich zurück oder wir gehen vor und zurück und beruhigen so den Betreffenden wieder.

Alles, was ich gefunden habe, ist durch Fehler entstanden, die ich in den Stunden gemacht habe. Meine eigentlichen Lehrmeister sind immer die Patienten gewesen, die Schüler, die mir gezeigt haben, was man machen kann und was man nicht soll. Letztlich, glaube ich, ist der größte Lehrmeister die Wahrheit – eine Frau. Gott sei Dank!

Es passieren in einer Stunde manchmal unglaubliche Dinge. Ein Mann zum Beispiel sagte: »Ich bin immer, immer allein. Ich bin allein geboren, ich werde allein sterben.« Zu diesem Mann habe ich gesagt, er soll einfach einmal anfangen, irgendwo, mit Bewegungen Einsamkeit darzustellen. Darauf ist er im großen Übungssaal im Kreis gegangen, langsam, langsam, langsam, einen wunderbaren Einsamkeitsweg, bis er wieder am Ausgangspunkt war. Da stand er dann und sagte: »Einsamkeit ist wie Tod.« Da hatte ich eine Idee und sagte der Gruppe, es waren ziemlich viele, sie sollen einen Kreis bilden. Dem Mann sagte ich, er solle diesen Kreis zurückgehen. Und nun war die Situation so, daß er an allen diesen Menschen vorbeigehen mußte, und alle haben ihn angesehen. Als er wieder an seinem Ausgangspunkt war, hat er die Arme gehoben und gesagt: »Ich habe Menschen gesehen, ich bin nicht mehr allein.«

Ich liebe die Phantasie. Die Leute, die wir verrückt nennen, die haben noch Phantasie. Da sind wir Waisenkinder dagegen. Ich sage meinen Patienten oft: »Seid doch froh, daß ihr euch so etwas Schönes vorstellen könnt« – vorausgesetzt, es ist schön. Wenn es schrecklich ist, muß ich natürlich versuchen, sie davon zu befreien.

Einmal war eine Frau bei uns, die in ihrer Phantasie immer auf die Venus ging, wo alle lieb miteinander waren, aus goldenen Bechern tranken – das ist dann noch so bürgerlich! – und auf goldenen Pferden und Löwen ritten. Als ich sie ihre Phantasie inszenieren ließ, war ihre Freude und die Freude derer, die mitmachten, unbeschreiblich. Wie sie die Verbeugungen übten! »Das ist nicht lieb genug. Du mußt es so machen« – und die Frau hat es gezeigt. Das ist viel schöner als jedes Theaterstück.

Ich habe diese Menschen schrecklich gern. In meine Patienten verliebe ich mich jedesmal. Ich habe ihre Welten gern, ich kritisiere sie nicht, ich möchte nur auftun, daß sie andere Welten auch leben und nicht ausschließlich ihre Phantasiewelt. Ich möchte sie lebendig machen – dem Leben gegenüber.

Es ist vielleicht ein religiöses Gefühl. Es ist ein Jasagen zum Geschehen. Das kann sich in vielen Formen manifestieren.

Wir sind als Kinder absolut areligiös erzogen worden. Meine Mutter hat gesagt: »Also, ich kann das nicht ertragen, daß das Kind in eine Sonntagsschule geht und all das lernen muß. Religion ist für mich was ganz anderes. Und ich möchte auch, daß mein Kind in der Schule von allem Religionsunterricht befreit wird.«

Diese Sonderstellung hat uns in der Schule viel zu schaffen gemacht. Aber meine Mutter fand, wir sollten, wenn wir erwachsen sind, selber entscheiden, was wir wollen.

In Einsiedeln gibt es eine wunderbare katholische Kirche mit einer schwarzen Madonna, die Leute gehen hin, um geheilt zu werden. Bei einer der Andachten war ich dabei. Es war so großartig, einfach von der Inszenierung her und von der Harmonie und von dem Glauben, den die Menschen dort hatten, daß ich dachte, ich will katholisch werden. Aber das dauerte nur zwei Tage. Ich bin nie einer religiösen Gruppe beigetreten. Wahrscheinlich bin ich auf andere Weise ein sehr religiöser Typ. Tanz und Bewegung ist für mich, was andere Menschen im Beten vielleicht erfahren. Es ist für mich ein Dank, daß ich lebe, daß ich hier bin, daß ich das alles sehen darf, alles hören darf, alles aufnehmen darf. Es ist also nicht ein Beten um Kraft oder um was immer. Es ist eher ein Dank.

Ich habe mir früher oft den Kopf darüber zerbrochen, was ich mit einem Patienten machen soll, der, sagen wir mal, unter seinem Vater gelitten hat oder unter seiner Mutter oder ein Waisenkind war oder was auch immer. Lange Zeit habe ich für jeden in einer Gruppe eine Stunde reserviert, in der ich sein Thema behandelt habe. Das mache ich nicht mehr. Ich arbeite heute an der Energie, die uns zum Teil abhanden gekommen ist, an der Freude, an der Stamina, an der Lust zu leben und eben auch an der Fähigkeit, zu leiden. Früher versuchte ich die Probleme der Menschen zu analysieren. Ich las Freud und alle die großen Psychologengötter. Irgendwann bin ich an einem Punkt angekommen, wo ich mit dem Tanzen aufhören und Psychologie studieren wollte. Dann bin ich auf eine meiner klärenden Wanderungen gegangen und wußte plötzlich, daß ich weitertanzen sollte. Das habe ich dann auch getan und bin immer mehr von allen diesen Theorien weggekommen. Ich sehe den Menschen so, wie er heute ist. Und fange genau dort an, nicht früher und nicht später. Es ist mir egal, ob es der Vater war, der jemanden getreten hat, oder ob die Mutter so große Schuhe hatte. Ich glaube, daß wir alle so oder so viel von der Freude am

Leben verloren haben, und die, glaube ich, kann ich mit Bewegung, mit Tanz und Gestaltung wieder heraufbringen. Es ist gar nicht so kompliziert. Ich lese nicht mehr Freud und alle die großen Psychologen.

Wir haben eigentlich gar nicht so viele Probleme. Wir müssen nur mutiger sein und wirklich leben, das Leben verstehen und es so nehmen, wie es ist. Wir werden geboren, sind eine Zeitlang hier und müssen einfach das Beste aus dieser Zeit machen. Das Beste zu machen bedeutet, sich zu einem Menschen zu entwickeln. Es ist gar nicht leicht, ein Mensch zu werden, ein wirklicher Mensch. Ich lese seit Jahren Tierbücher und finde es so großartig, zu erfahren, wie das Tier lebt, wie es sich schützen will, wie es manchmal versagt – aber es kennt nicht dieses Gejammere, das wir Menschen dann loslassen. Wir verstehen das Leben einfach nicht: Angst vor dem Tod, Angst vor der Dunkelheit, Angst vor Kampf – Angst, Angst, Angst. Warum? Wieso? Wo immer man hinguckt: in der Natur ist alles in einem beständigen Kampf. Auch wir müssen kämpfen. Der Kampf, von dem ich spreche, ist ein Kampf um mich selbst, um mein menschliches Gefühl.

Die Tiere sind in sich eine vollkommene Einheit, wir haben sie ganz verloren. Wir sind nie eine Einheit. Deshalb ist für mich das Wichtigste, auch vom Tanz aus gesehen: daß der Rhythmus durch den ganzen Menschen geht und nicht nur an einer Stelle sitzt. Der Rhythmus geht durch das Gehirn, durch den Kopf, durchs Herz, durch die Beine, überallhin. Wenn ein Mensch ein Kind streichelt, das er gern hat, muß der ganze Mensch dabei sein. Auch seine Füße, seine Zehenspitzen müssen so weich sein wie die Hand, die er streichelt. Seine Gedanken auch. Wenn alles eine Einheit wäre, dann wären wir glücklich. Egal, ob es ein Gefühl der Liebe ist oder ein Gefühl des Hasses. Wenn es durch den ganzen Menschen ginge, würde es auch ausgelebt sein. Wenn es nicht ausgelebt wird, bleibt immer etwas davon übrig, gärt heimlich weiter, und man wird nie davon befreit.

Ich finde, jede Emotion, die ganz stark gelebt wird, ist etwas Großartiges. Das möchte ich sagen. Aber sie muß ganz gelebt werden. Ich bin oft unwahrscheinlich traurig, dann lege ich Musik auf und tanze danach. Ich kann auch entsetzlich weinen und weiß gar nicht genau, warum. Einfach, weil ich traurig bin – und ich empfinde das als richtig. Ich glaube, ich bin nicht depressiv. Diese Leere kenne ich weniger, aber Traurigsein ist etwas ganz Großartiges. Weinen. Vor Freude tanzen. Vor Jammer halb in Stücke gehen. Das sind alles großartige Emotionen.

Es ist auch das, was ich mit meiner Arbeit erreichen möchte: daß der Mensch erlebnisfähig ist und bleibt. Und das ist er auch, wenn er sich nicht verrammelt und zumacht. Erlebnisfähig sein, bedeutet, eins zu sein mit dem Geschehen. Nicht Opposition gegen sich selbst sein, kein Zuwider gegen das, was da ist. Ich gehe in den Rhythmus hinein, gehe in die Spannung hinein, in den Ausdruck. Ja, ich kann es nicht anders sagen: es ist einfach, mit dem Geschehen freudigst mitzugehen, mit allem.

In einer der Gruppen hatte ich einmal ungefähr acht oder neun Frauen. Die kamen herein wie zum Begräbnis ihres jüngsten Kindes. Furchtbar. Ich sah mich um und sagte: »Wollt ihr euch nicht setzen?« Dann ging das Gekrochse los, und alle setzten sich langsam auf den Boden. Dann habe ich nichts mehr gesagt, habe sie einfach angeguckt. Und für sicher zehn Minuten blieben die genauso sitzen – wie die personifizierte Traurigkeit. Da ist es mir einfach zu dumm geworden, und ich habe gesagt: »Wollt ihr einmal wissen, wie ihr ausseht?« Und dann habe ich sie nachgemacht, habe sie wirklich mit aller meiner Kraft persifliert.

Da fing die eine an zu lachen, dann die andere, und plötzlich mußten alle lachen. Erst jetzt hatte ich freies Feld, wir konnten tanzen, es war eine wunderbare Stunde.

Es hilft sehr, wenn du die Fähigkeit hast, das Komische aus einer Situation herauszuholen – nicht mit Bosheit, sondern mit Liebe. Ich habe immer wieder gesehen, daß jeder Mensch Humor hat, wenn er sich nicht angegriffen fühlt. Aber wir greifen natürlich oft an.

In einem der nahegelegenen Dörfer hatte ich eine Freundin. Jedesmal, wenn sie kam, erzählte sie Schauergeschichten in reinstem Schwyzerdütsch: »Also heute nacht werde ich wieder aufgefressen. Da kommen alle diese Tiere, die Löwen, die Tiger, alle die bösen Kreaturen kommen auf mich zu und fressen mich.« Ich mußte etwas lachen, als sie sagte: »Heute abend werde ich gefressen, und gestern war es genauso.« Dann sagte ich: »Wie können sie dich aufgefressen haben, jetzt bist du doch hier?« Da war sie irritiert und sagte: »Ja, ja. Aber sie haben mich aufgefressen.« Dann nach dem Tanzen kam sie zu mir und sagte zum Abschied: »Das war sehr, sehr schön, aber du wirst sehen, bald kommen die Löwen und fressen mich auf.« Sie hat nie darüber gesprochen, wie weh das tut oder daß sie sich fürchtet. Sie hat nur gesagt: »Bald kommen die Löwen.«

Es hat gar keinen Sinn, sich zu überlegen, was für ein Phantasiegebilde das ist. Es ist einfach da. Und du mußt mit dem rechnen, was da ist. Eines Tages habe ich deshalb gesagt, sie soll mir so einen Löwen oder Tiger einmal darstellen. Und das konnte sie nur bis zu einem gewissen Grad. Ich sagte: »Das ist aber ein ziemlich netter Tiger – oder?« »Ja, eigentlich schon«; das fand sie auch.

Man muß einen Menschen mit seinem schrecklichen Feind konfrontieren, damit andere Gefühle stärker werden, und zwar gute, starke Lebensgefühle. Ich finde, wenn wir den Menschen sehen, müssen wir das Ganze sehen. Wir können sagen: Menschsein ist eine Tragödie. Ich finde es eher ein bißchen komisch, aber es kann eine Tragödie sein – je nachdem, wie du das auffaßt. Mir scheint, wir sind alle ganz armselige, ängstliche Waschlappen. Wir tun uns immer leid.

Andere haben das, was ich gemacht habe, als »Tanztherapie« bezeichnet. Ich bin immer gegen diesen Titel gewesen und bin es auch heute noch. Ich finde, »Tanz« und »Therapie« geht einfach nicht zusammen. Ich möchte mit den Menschen tanzen, nicht Therapie machen. Therapie setzt immer einen Menschen voraus, dem etwas fehlt, der ein bißchen verrückt ist oder zu traurig oder zu lustig, und so sehe ich das nicht. Die Menschen kommen zu mir nicht zur Therapie, auch wenn es durch das, was ich mache, dazu wird. Sie sagen einfach, daß sie glücklicher aus einer Stunde herausgehen, als sie gekommen sind. Dieser Titel »Tanztherapeut«, das ist schrecklich! Das ist wie »Dramaspezialist«.

Ich wende mich an das Gesunde im Menschen, die meisten Therapeuten wenden sich ans Kranke. Ich hoffe, indem ich das Gesunde, das im allgemeinen einfach Energie ist, stärker mache, wird dieser Mensch auch besser mit seinen sogenannten Problemen fertig. Wenn du genügend Energie hast, wenn du diese Energie in Freude umsetzen kannst, in Freude, daß du lebst, und wenn ich das alles steigern kann, glaube ich, daß viele Menschen, nicht alle, aber viele, ganz wunderbar durchs Leben gehen könnten. Für einige bedeutet das zum Beispiel, daß sie nicht mehr interniert sein müssen.

Ich finde, diese Freude ist für viele mehr Therapie als dieses Gesuche im Kopf. Daran krankt ja die ganze »Tanztherapie«, daß sie sich an Freud oder Jung, oder wer immer aktuell ist, anklammert, anstatt sich selbständig zu machen und zu fragen: Was kann ich tänzerisch mit diesem Menschen tun, wie kann ich ihn verstehen?

Auch im Wiederholungszwang, mit dem Menschen auf ihren Problemen beharren, sehe ich nichts Schlimmes. Du mußt nur den Weg finden, wie du sein kannst, wie du bist. Ich erinnere mich, wenn meine Mutter fertig zum Ausgehen war und duftend von Lavendel und in knisternder Seide fragte, welche Geschichte sie uns zum Abschied erzählen solle, da wollte ich immer dasselbe hören. Ich glaube, man sollte keine so große Angst vor Wiederholungszwängen haben. Ich würde sie mit der Freude angehen, etwas zu wiederholen. Der Mensch soll die Geschichte, die er nicht los wird, aus sich herausstellen, gestalten und für andere erkennbar machen. Er soll Freude daran haben, genau das zu tun, was er will: seine Geschichte ganz genau zu wiederholen.

Ich denke nicht, daß es in jedem Fall etwas Drastisches gewesen sein muß, was gestörten Menschen widerfahren ist. In jedem Menschen ist eine grundlegende Angst drin, die nicht unbedingt aus einem bestimmten Erlebnis gekommen sein muß. Ein Kind, das mit offenen Augen in diese Welt kommt, hat doch alles Recht, ein bißchen Angst zu haben – oder?

Ich sehe bei mir keinen großen Unterschied zu den Kranken. Ihre Gefühle sind nur manchmal verschoben, manchmal vergrößert, wie durch eine Lupe gesehen, aber wir haben genau dieselben Probleme. Die ganz »normalen« Menschen ähneln immer mehr meinen Patienten. Wenn ich mich in meinen Stunden umgucke oder auf die Straße gehe: überall ist ein gewaltiger Teil an Lebensfreude verlorengegangen. Man kann sagen, es sind eben schreckliche Zustände, aber wir machen ja diese Zustände. Das Schlimmste von allem, denke ich, ist, daß wir uns weg von der Natur bewegt haben, auch von unserer eigenen. Aerobic ist ein genaues Abbild dieser Selbstentfremdung: Aerobic ist Bewegung ohne ein Gefühl dahinter. Dabei ist immer ein Gefühl dahinter, wenn du dich bewegst. Aerobic aber hat es fertiggebracht, alles mechanisch zu tun. Und da ist der Mensch, dieses schöne Wesen, nicht inbegriffen und macht Bewegungen, die auch eine Maschine machen könnte. Das finde ich traurig.

Wir entwickeln sehr einseitige Vorstellungen von uns selbst. Als Kind war ich schwer, ich bin heute noch schwer. Ich habe grobe Knochen, aber meine Sehnsucht war die, leicht zu sein, ganz leicht, federleicht. Fliegen können. Die Erde nur ganz wenig berühren, immer ein bißchen vom Boden weg und in die Höhe. Und das hat meinem Ausdruck sicherlich nicht gut getan. Es war ganz einseitig. Ich wollte schön, ich wollte leicht sein, und erst viel, viel später habe ich gesehen, wie wichtig es ist, daß der Mensch seine Schwere spürt und daß er eine Schwere hat. Dieser Arm, wenn ich ihn hochnehme, ist wichtig, ist gewichtig. Wenn ein Bauer im Herbst über sein Feld geht und seine Früchte sieht und die fruchtbeladenen Bäume, der geht nicht leicht. Der hat eine wunderbare Erdenschwere. Und an dieser Erdenschwere arbeite ich viel mit den Menschen. Ein Mensch, der Schwere hat, hat ebenso die Leichtigkeit, er hat die Schnelligkeit und die Langsamkeit. Es ist einfach alles in uns. Und das ist so großartig. Das zu leben versuche ich, bemühe ich mich. Mit anderen. Ich selbst kann es nicht so gut.

Die meisten Menschen sind mit sich unzufrieden. Alle haben Angst und finden, daß sie nicht gut genug sind, daß sie das Wichtigste eigentlich nicht geschafft haben. Es ist so blöde! Dabei haben sie zwei Beine, zwei Arme, einen Kopf, einen Rumpf und können tanzen. Außerdem glaube ich auch nicht, daß man überhaupt bloß gut oder schlecht sein kann. Ich glaube nur, daß man wahr sein kann. Deswegen arbeite ich viel am Ausdruck und daran, daß sich der Ausdruck mit dem Gefühl deckt. Du weißt nicht, ob du gut bist. Aber du weißt, ob du wahr bist. Das ist das einzige. Empfindest du wirklich, was du da vorstellst, empfindest du wirklich diesen Schmerz oder diese Freude oder dieses Wunder? Es gibt, glaube ich, keine Norm dafür, was richtig ist und was nicht richtig ist. Dessen müssen wir uns bewußt werden. Es gibt einfach nur die Frage: Sind wir in unserer Haltung dem Leben gewachsen oder nicht.

Auch wenn ich am Rhythmus arbeite, arbeite ich am Gefühl. Rhythmus ist viel mehr als nur Takt. Rhythmus ist ja auch in unserem Tag drin, von der Arbeit zum Ausruhen und wieder zur Aktivität usw. – alles das ist eigentlich Rhythmus. Wenn ich sage: »Wir wollen heute ein bißchen am Rhythmus arbeiten«, sagen die meisten: »Ich bin ganz arhythmisch, ich kann nicht einmal auf zwei zählen.« Da ist dann vermutlich, wie bei allen diesen Dingen, wieder zu intellektuell gelehrt worden. Rhythmus ist ein Gefühl, Ausdruck ist Gefühl, Tanzen, Freude, alles das sind Gefühle. Und wir haben im allgemeinen Angst vor Gefühlen.

Natürlich habe ich im Verlaufe der Jahre verschiedene Techniken gefunden, mit denen ich arbeiten kann. Ich lasse zum Beispiel eine Gruppe von Patienten gehen. Es ist unerhört aufschlußreich, welchen Teil ein Mensch beim Gehen mitnimmt und welchen Teil er zu Hause läßt. Und welcher Körperteil existiert überhaupt nicht? Mit welchem Teil des Körpers führt ein Mensch? Es gibt Menschen, die mit dem Kopf führen, mit der Schulter, mit der Nase, mit dem Knie oder mit dem Kinn. Viele Menschen haben vollkommen abgestellte Rücken. Das Gehen zeigt einfach den Zustand eines Menschen oder gewisse Merkmale eines Zustandes an. Daran arbeite ich oft zum Aufwärmen.

Ich verlange zum Beispiel von meinen Patienten, daß sie mit der Stirn führen sollen. Es ist ein anderes Gefühl in dir, ob du mit der Stirn führst oder mit dem Kinn, mit einer Schulter oder mit der Hand. Ich kann natürlich interpretieren, was ich sehe, und sagen: »Da hast du ein Brett im Rücken.« Ich versuche aber lieber, Übungen zu machen und die Patienten dann aufzufordern, daß sie von dieser Übung aus mal spüren, was das für ein Gefühl ist. Wenn sie immer die Enge des Brettes spüren, werde ich Übungen machen, die eine Weite öffnen. Natürlich wird diese Befreiung nicht von langer Dauer sein; bald sinken viele wieder in ihre Verhärtungen zurück. Aber ich werde immer und immer wieder auf diese Übungen zurückkommen. Mit der Zeit kann ein Patient dann vielleicht zum Beispiel das Gefühl einer unendlichen Machtlosigkeit überwinden. Der Mensch wird lebendiger, wenn er fühlt. Die Patienten gehen alle aus der Stunde lebendiger heraus, als sie gekommen sind. Herein kommen sie wie gute Bürger ohne Rücken, die Augen niedergeschlagen, und heraus gehen sie und schwabbeln und sprechen.

Trotzdem wollte ich nie eine Schule haben in dem Sinn, daß ich da eine Methode aufbringe und sage: »So wird's gemacht und nicht anders.« Das geht mir einfach gegen den Strich. Gegen mein ganzes Wesen. Und darum habe ich das nie gemacht. Methoden sind meiner Meinung nach dafür da, vergessen zu werden. Aus ihnen müßte wieder etwas entstehen. Ich finde, wenn jemand sich in eine Methode verrennt, ist sie schon wieder »out«.

Man hat mir immer vorgeworfen, daß ich am Schluß einer Session nicht spreche. Ich spreche meistens nicht. Ich finde, man zerschwatzt sich die Dinge, und dann ist sofort wieder jemand Schuld an der Angst. Es ist immer jemand Schuld, der liebe Gott oder der Teufel oder der Vater.

Jeder muß seinen eigenen Weg gehen, und die beste Erziehung wäre nach meiner Meinung, daß einer Ballett studiert, Taiji oder Yoga, ein bißchen zu mir kommt und ein bißchen zu den Tänzern geht. So gewinnt er einfach einen Reichtum an Bewegung und an Haltung, an Spannung, erlebt und erfährt. Wenn er dann unterrichten will, müßte er seine Vorgehensweisen allein ausarbeiten. Ich finde, wir brauchen nicht einem bestimmten Vorbild nachzugehen. Es müßte jeder Mensch zu sich selbst kommen und endlich das tun, was ihm am nächsten ist. Jeder muß versuchen, das herauszufinden, was für ihn normal und was für ihn das Richtige ist. Ich habe herausgefunden, daß ich mit Tanz die Energie im Menschen erhöhen kann. Wenn ein Mensch erlebnisfähig wird, ist das ein enormer Schritt zur Gesundheit.

Die Energie kannst du durch ganz kleine Dinge steigern. Ich bin einmal mit einer Gruppe in ein blühendes Levkojenfeld gegangen. Dort hat sich jeder einen duftenden Strauß gepflückt. Mit diesen Sträußen sind wir wieder in den Übungsraum zurückgegangen und haben damit getanzt. Du kannst mit Düften arbeiten oder mit Tönen. Eine Mutter mit einem Kind oder eine Katze, wenn sie schnurrt. Alle diese großartigen wunderbaren Gebilde, mit denen wir leben, die möchte ich dem Menschen wieder lebendig machen. Wenn wir besser sehen könnten, wie wunderbar ein Baum ist oder eine Blume oder ein See, würde uns das so glücklich machen. Aber wir sind bequem. »Ja, ja, ich habe diesen Baum schon mal gesehen, aber wohin fährst du in Ferien?« Ich merke immer mehr und mehr, daß ich den Menschen diesen Reichtum wiedergeben möchte. Und da kannst du einfach nicht von einer Technik sprechen. Es wird jedesmal anders sein.

Dementsprechend habe ich nie jemanden ausgebildet. Ich würde mir das auch nicht zutrauen. Ich würde höchstens sagen: Versucht, so lieb wie möglich zu sein. Fertig. So gut wie möglich. Ich gehe oft in die Spitäler, und jedes Mal denke ich: An was könnten die jetzt Freude haben? Das Leben ist voll von Tod und von Unglück. Es ist notwendig, daß wir trotz der Verluste, die wir alle einmal durchmachen, die Energie bekommen, um gerne am Leben zu sein. Wir müssen das Leben verstehen lernen. Ich möchte nicht ewig leben. Aber ich bin verliebt in das Leben.

Expression/Impression Corporelle
Laura Sheleen

> »Für den Menschen unserer Zeit ist nicht Gott, der Unbekannte, Gegenstand einer Maske, sondern das, was in ihm, in uns selbst ist und Gestalt annehmen möchte. Der Homo ludens sucht sich selbst und geht von Verkörperung zur Verkörperung, von Manifestation zu Manifestation, von Veränderung zu Veränderung. Sein ewiges Übergangsobjekt scheint eine Maske zu sein. Sein ewiger Veränderungsentwurf scheint das Begehren zu sein, sich zu demaskieren, um anders, um er selbst zu werden.« Liège, 2.5.1988

Laura Sheleens Arbeit zielt zunächst darauf, das Unbewußte zum Sprechen zu bringen. Durch die veränderte Beziehung zwischen Bewußtem und Unbewußtem sollen einer Neuorientierung die Wege eröffnet werden. Im wesentlichen umfaßt die Arbeit die Schaffung von Masken als eine manuelle und künstlerische Tätigkeit und die Schaffung von Bühnenspielen. Hier sind neben Gesten auch Schreien, Singen, Weinen, Rufen und Klagen erlaubt, nicht jedoch das Sprechen. Die Explorationen, die in dieser Körperarbeit stattgefunden haben, werden anschließend gemeinsam erörtert. Dadurch wird zwischen dem Bewußten und dem Unbewußten eine Brücke geschlagen. Hat das Bewußtsein die Äußerungen des Unbewußten schließlich verstanden, kann es Signale geben, die dem Unbewußten beweisen, daß es registriert, verstanden und akzeptiert ist. So hat das Unbewußte die Möglichkeit, aus dem Kreis unermüdlicher Wiederholungen herauszu-

kommen, in dem es gezwungen war, die gleichen Bilder und die gleichen Symptome immer wieder von neuem zu produzieren, und kann sich reorganisieren.

Die Elemente der Expression/Impression Corporelle werden im Rahmen von Workshops, aber nicht als Bestandteile einer abgeschlossenen Methode vermittelt.

Ich bin 1925 in Battlecreek, Michigan, geboren. Das ist aber nicht irgendein Ort. Zu jener Zeit gab es in Battlecreek ein großes internationales Krankenhaus und Sanatorium, das von einem Dr. Kellog gegründet worden war. Er war der Bruder des Mannes, der die Kellog's Cornflakes erfunden hatte. In dieser Klinik also wurden alle möglichen Naturverfahren angewandt, und zwar inklusive Gymnastik. So machte ich seit meinem dritten Lebensjahr regelmäßig die sogenannte »Schwedische Gymnastik«. Aber all das interessierte mich lange Zeit überhaupt nicht.

Meine Eltern und alle Verwandten, mit der Ausnahme meines Großvaters väterlicherseits, waren Amerikaner der zweiten Generation. Das heißt, daß sie vermutlich zum Gesindel gehörten, das aus England, Schottland, Frankreich rausgeworfen worden war und nach Amerika gegangen war, um zu überleben. Mein Großvater väterlicherseits kam als letzter. Er war Schwede und hatte das Land verlassen, als eine Kartoffelseuche große Hungersnöte in Schweden hervorgerufen hatte. Von Beruf war er Pastor, und er war einer der ersten, der die Gewerkschaftsarbeit in Amerika aufbaute. Er organisierte die Bahnarbeiter; die Arbeitsbedingungen beim Gleisbau waren damals unglaublich schlecht. Gekannt habe ich diesen Großvater nicht, denn er war schon tot, als ich geboren wurde. Aber ich glaube, daß er für mich wichtiger war als die Menschen, die ich wirklich kannte. Obwohl er Pastor war, ist

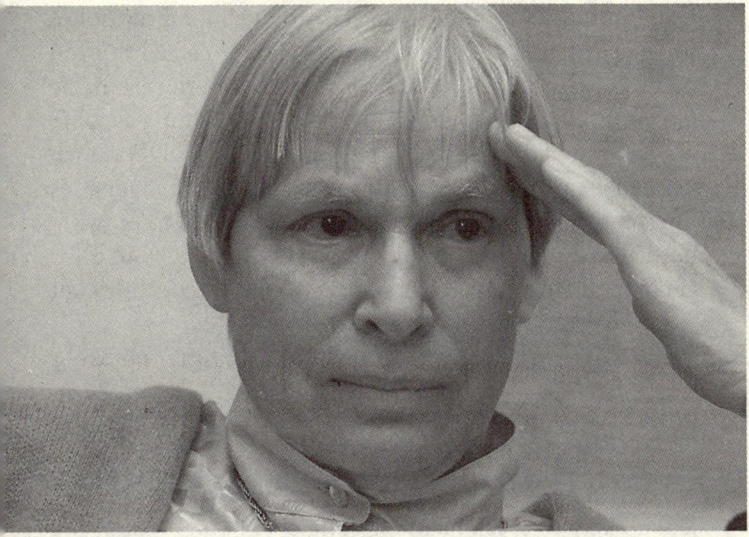

er in seinem Leben an einen Punkt gekommen, an dem er zweifelte! Er verließ seine Stellung als Pastor. Das war für mich etwas Heroisches.

Es war seine Frau, von der ich aufgezogen wurde. Sie steckte noch voller Erinnerungen aus den alten Pioniertagen. Sie hatte noch erlebt, wie Indianer Siedler skalpierten, und was es damals alles so gab und vor allem, was es nicht gab. Sie wußte einfach, wie man überlebt. In den Jahren der Depression, als es kein Geld gab, ging sie in die Natur und verstand es, Dinge zu finden, die uns halfen, über die Runden zu kommen. Sie war eine Suffragette und setzte sich vehement für die Wahlberechtigung der Frauen ein; außerdem war sie überzeugte Christin. Als ihr Mann sie verließ, war das eine große Tragödie für sie.

Sie ersetzte mir meine Mutter. Genaugenommen hat sie meine Mutter aus meinem Leben herausbugsiert. Meine

Großmutter hatte wohl große Hoffnungen in ihren Sohn, meinen Vater, gesetzt; der hatte sich aber in eine Frau von niedrigerem Stand verliebt. Also manövrierte meine Großmutter die Dinge so, daß meine Mutter wegging, als ich drei Jahre alt war. Ich kann heute vollkommen verstehen, warum sie gegangen ist, und ich bedauere es überhaupt nicht. Das Leben mit meiner Mutter wäre natürlich anders gewesen; inzwischen habe ich sie übrigens kennengelernt. Ich traf sie, als ich fünfzig Jahre alt war.

Ich war etwa vierzehn, als meine Großmutter an Krebs starb. Ich kannte meinen Vater von seinen seltenen Besuchen her: ein sehr gewalttätiger Mann, vermutlich psychotisch. Bei der puritanischen Mutter kann ich mir schon vorstellen, daß er eine harte Zeit durchgemacht hat. Auf jeden Fall wollte ich nicht mit ihm leben, und deshalb zog ich allein meines Weges.

Ich hatte weder einen Beruf noch eine Ausbildung, und so machte ich mich auf den Weg durch die Vereinigten Staaten. Zu Fuß. Ich habe Nordamerika viermal zu Fuß durchwandert. Ich arbeitete, wo sich etwas zu tun fand. Ich muß einen sehr guten Schutzengel gehabt haben, denn aus dieser ganzen Zeit kam ich ohne einen einzigen Kratzer heraus. Heute sehe ich diese Jahre als meine spartanische Periode an. Im antiken Sparta wurden die Knaben etwa im Alter von zwölf Jahren in die Wildnis geschickt. Sie mußten dann ein Jahr dort überleben, es wurde ihnen in keiner Weise geholfen, und wenn man sie beim Stehlen erwischte, wurden sie sehr streng bestraft. Wenn sie dieses Jahr überlebt hatten, wurden sie wieder in die Gemeinschaft aufgenommen.

Wenn man tatsächlich gezwungen ist, in der Erde zu graben, um etwas zum Essen zu finden, verändert das die eigene Kreativität ungeheuer. Ich weiß, daß viele durch solche Zeiten nicht heil hindurchkommen. Und bei mir selber weiß ich eigentlich auch nicht, wie ich es gemacht habe, aber ich kam durch.

In dieser Vagabundenzeit arbeitete ich als Kellnerin, ich habe Teller gewaschen, ich war Dienstmädchen, ich war Tankwartin, habe in einer Post gearbeitet und vieles andere mehr. Ich denke, daß all das sehr interessant war. Die Sache ist nur die, daß man sich dabei nicht sehr viel weiterentwickeln kann. Man kann einige Dinge lernen, aber dann ist etwas fertig, und man muß weggehen und etwas anderes tun, bei dem es früher oder später wieder auf das gleiche hinausläuft. Ich merkte, wie ich da langsam herauswuchs.

Als ich etwa achtzehn war, wußte ich, daß ich auf dem besten Wege war, ein Tramp zu werden. Ein Tramp wandert von einem Ort zum anderen und hat in gewisser Weise ein wunderbares Leben. Aber er hat keine Zukunft – wie ein Kolporteur, der als wandernder Verkäufer Nachrichten verbreitet.

In früheren Zeiten hatte er gewiß eine wichtige Funktion. Mein Großvater mütterlicherseits war so ein wandernder Verkäufer. Dessen Vater wiederum hatte alle Landkarten von Michigan erstellt und eine Indianerin zur Frau genommen, so daß ich zum europäischen Mischmasch auch Indianerblut in mir habe. Dieser Großvater pflegte – gegen den Willen meiner Großmutter – zweimal im Jahr zu uns nach Hause zu kommen. Er war es, der den Atheismus und überhaupt das Zweifeln in mein Leben gebracht hat. Seine Gedanken waren natürlich ein ganz schöner Kontrast zu den puritanischen und außerordentlich rigiden Grundsätzen meiner Großmutter. Und ich dann zwischen all diesen Gegensätzen … Ich glaube, es war trotzdem eine sehr glückliche Situation. Es ließ mich so viele Dinge selber wählen.

Ich hörte also auf, kreuz und quer, von einer Küste zur anderen zu wandern. Als ich etwa sechzehn war, hatte ich irgendwo eine Ballettvorführung gesehen und mich ins Ballett verliebt. Ich wollte Tänzerin werden, aber alle sagten: Du bist zu alt. Also verwarf ich diesen Traum wieder. Dann aber, im Alter von zweiundzwanzig Jahren, sagte ich mir: Es ist egal, ob ich zu alt bin, ich werde es tun. Ich ging nach New York und kam zu meinem Glück in eine sehr gute Schule mit dem Namen «New Dance Group«. Sie muß in den Dreißigern gegründet worden sein, zur Zeit der großen Depression, als Menschen in Amerika verhungerten – wie sie es auch heute wieder tun! Modern Dance war damals in Amerika auch eine politische Bewegung. Das ist ein Teil der Tanzgeschichte, über den viele Menschen nicht gerne reden. Der Klassenkampf spielte eine wichtige Rolle. Ich weiß, daß in der Anfangszeit Tanzunterricht, Aufklärungsunterricht, Hinweise über Möglichkeiten der Geburtenkontrolle sowie politische Aufklärung miteinander verbunden wurden.

Als ich etwa 1947 zur »New Dance Group« kam, merkte ich davon kaum etwas. Mich interessierte nur das Tanzen. Erst heute wird mir deutlich, was ich damals alles gelernt habe.

Ich hatte das Glück, in dieser Schule einen Job als Sekretärin zu bekommen. So konnte ich dort nicht nur lernen, sondern zugleich meinen Lebensunterhalt verdienen.

Während der ersten fünf Jahre, in denen ich tanzte, ging meine Hauptenergie in etwas, das ich heute die »Pulsierende Form des Tanzes« nenne. Es sind starke Emotionen, ausgeprägte Körpergefühle, man tobt seine Energie auf eine sehr gewalttätige Weise aus. Das hat mich aber nicht sehr weit geführt. Nach etwa fünf Jahren begann ich zu merken, daß ich in einem Kreis lief.

Laura Sheleen tanzt »Amerikanischen Tanz«

Als Kind war ich ständig der Gegenstand nicht endender Kämpfe zwischen mindestens vier Erwachsenen in meiner Familie. In der Schule war mir Lesen und Schreiben nicht beizubringen gewesen. Und auch später, auf meinen Wanderungen, habe ich mich immer ein bißchen wie eine kriminelle Jugendliche gefühlt. Dieses Leben muß mir den unbewußten Wunsch eingegeben haben, mich selber zu strukturieren und zu ordnen.

In meinen New Yorker Tanzjahren arbeitete ich viel mit Martha Graham.[1] Martha hatte sich Ende der zwanziger Jahre planmäßig der tänzerischen Erkundung ihres amerikanischen Erbes gewidmet. Ihre »School of Contemporary Dance« wurde später zum internationalen Zentralinstitut des Modern Dance; Martha wird in Amerika als eine der bedeutendsten Persönlichkeiten des gegenwärtigen Theaterlebens betrachtet. Sie gehörte

Martha Graham (links) und Mary Wigman, 1961

übrigens nicht zu jenen, die Modern Dance in Verbindung mit Geburtenkontrolle unterrichtete. Sie machte das anders. Sie sagte: »Meine Tänzerinnen sind jungfräuliche Vestalinnen.« Wenn sie an einer Aufführung arbeitete, verbot sie ihren Tänzerinnen, mit Männern zu schlafen – bis die Ehemänner sich zusammentaten und in Streik traten.

Martha war ein großartiges Monster. Sie war jemand, der das Allerbeste aus den Menschen herauszerrte, die ihr in die Hände gerieten – oder sie zerstörte sie vollständig. Sie verachtete Banalität und Weichheit, ein Verhalten, das viele Tänzer an sich haben. Sie war auch von C. G. Jung beeinflußt, ihre Aufführungen waren psychologische Erkundungen. Insofern waren mir die Psychologie und die Entdeckung des Symbolischen nichts Fremdes. Nur: in diesen sieben New Yorker Jahren studierte ich das alles mit dem Körper, aber nicht auch mit dem Kopf. Das kam erst später.

Diese harte Schule erlaubte es mir, etwas zu akzeptieren, was ich als Disziplin oder als »das Gesetz« bezeichnen möchte.

Ich heiratete in jener Zeit einige Male. Ich bin jemand, der vollkommen amoralisch ist. Nicht unmoralisch. Aber amoralisch. Ich habe das nicht bewußt gemacht oder provoziert, sondern ich mußte einfach so sein. Wenn ich mit Menschen arbeite, versuche ich jedoch nie, ihnen mich als Modell zu geben. Ich rede mit ihnen nicht einmal über mein Leben.

1954 kam ich nach Europa. Ich kam mit einem Mann. Ich war in ihn verliebt, und als er sagte, daß ich in Europa glücklicher sein würde, ging ich mit ihm nach Europa. Er war, sagen wir mal, vielleicht mein zweiter Ehemann und hatte ein genauso wildes Leben gehabt wie ich. Er war Franzose und ein Mann der Music Halls, von Beruf Magier. Aber seine Liebe galt dem Singen. Sein Problem war nur, daß er die Tonart nicht halten konnte. So suchte er, wohin er auch reiste, die besten Leute auf diesem Gebiet auf und versuchte herauszufinden, wie man richtig singen kann. Während dieser Suche geriet er auch an Bess Mensendieck[2], mit der er dann jahrelang gearbeitet hat. Hier lag auch unsere Gemeinsamkeit.

Wir hatten aber sehr verschiedene Hintergründe. Music Halls, zumindest die in Paris, sind eine harte Welt. Man ist dort immer an der Grenze zur Prostitution. Es sind Orte, wo sehr gute Künstler sehr schöne Dinge machen können – in engster Nachbarschaft mit erschreckenden Grobheiten. Es ist eine Welt, in die der Bourgeois nicht geht, außer er kommt als Tourist.

Mein Mann führte mich auch in die Unterwelt ein. Er zwang mich in direkten Kontakt mit Dingen, die ich mein ganzes Leben nicht hatte sehen wollen. Er lebte in dieser anderen Welt, er war darin zu Hause. In Marseille war er früher sogar Zuhälter gewesen. Er war mit dieser Welt vertraut, er konnte da rein und wieder raus, die Sorte Mensch, die morgens um zehn, umstrahlt von einer grandiosen Aura, mit hohen Politikern das Frühstück einnehmen konnte und wenige Stunden später mit einem der knallhartesten Gangster von Paris zusammensaß.

Diese Zeit war sehr schwer für mich. Ich blieb dennoch, widerstand den Gesetzen seiner Welt, lebte mit ihm und habe ihn dann eines Tages verlassen und ging nach Schweden.

Im ersten Jahr fühlte ich mich dort sehr wohl. Dann aber merkte ich, daß ich nicht lange würde bleiben können. Es gab keine Abenteuer. Es wurde alles im voraus geplant und organisiert. Ich unterrichtete junge Mädchen von dreizehn Jahren; die hatten in sexueller Hinsicht alles, was man sich nur vorstellen kann, schon hinter sich und waren dabei so blasiert, daß sie gar nicht mehr wußten, was sie sonst noch mit ihrem Leben anfangen sollten. Das war unglaublich traurig. Etwas in der Welt dieser Mädchen lief falsch. Sie konnten wundervolle Dinge mit ihren Körpern machen, aber es war einfach keine Seele da. Als ob sie hohl wären. Um sie aufzuwühlen, wurde ich sehr leidenschaftlich, ich konnte böse werden und sie schubsen, aber es half nichts.

Nach einer Weile war mir klar, daß ich nichts ändern konnte. Also beschloß ich wieder nach Frankreich zu gehen. Das Leben war nicht leicht dort, ich ging trotzdem nach Paris zurück und begann, sehr ernsthaft zu unterrichten. Zehn Jahre lang unterrichtete ich Theaterleute, verlor aber den Gedanken an meine persönliche Entwicklung nie aus den Augen. Ich eröffnete meine erste Schule, das »Theatre du Geste«, und unterrichtete dort etwas, das ich

»movement stilisé« nannte. Das, was mich an Bewegung interessierte, war etwas, das jenseits aller Techniken ist. Ich suchte nach der Metatechnik, nach dem gemeinsamen Nenner, der in allen Körperäußerungen steckt.

In New York hatte ich mit Innovatoren des Modern Dance gearbeitet. Alle bedeutenden Lehrer hatten an der New Dance School unterrichtet; in gewisser Weise führte ich diese eklektische Tradition in meiner eigenen Schule fort. Wenn man zu unterrichten anfängt, kann man entweder eine bestimmte Technik ganz geradlinig unterrichten, oder man unterrichtet eine Synthese. Ich arbeitete synthetisch, und ich werde sehr böse, wenn jemand bei dieser Art Unterricht keine Hinweise auf die Lehrer gibt, aus deren Arbeit sich sein Stil geformt hat. Wir, die wir heute arbeiten, haben doch Vorfahren! Bess Mensendieck zum Beispiel: sie war Holländerin, Ärztin, Bildhauerin, und sie erfand ein System der funktionalen Körperarbeit – ein großartiges System, das heute so gut wie vergessen ist.

Als ich in Schweden lebte, begegnete ich einer Frau, die Ronnie Jacobsen hieß. Sie erzählte mir, daß sie während eines Amerikaaufenthaltes Martha Graham etwas vermittelt hatte, das Martha dann in ihr eigenes System übernommen und weiterentwickelt hat. Dennoch hat Martha nie und an keiner Stelle Ronnie Jacobsen auch nur mit einem Wort erwähnt. Es ist, als ob sie nie gelebt hätte.

Ich hege eine große Liebe für meine Lehrer, und wenn ich unterrichte, sage ich bei bestimmten Übungen: »Diese Übung habe ich von der und der gelernt. Die wiederum hatte es von der und der, und die wiederum von der und der, wo es vermutlich seinen Ursprung nahm.« Ich bin immer daran interessiert gewesen, wie die Kette der Tradition aussieht.

Neben den Tänzern, bei denen ich gelernt habe, gibt es zwei andere, die ich als Väter meiner Arbeit betrachte. Der eine ist C. G. Jung[3], der andere Hermann Hesse.[4] Der »Steppenwolf« ist ein Mann, der nicht weiß, ob er ein Hund oder ein Wolf ist. Er landet in einem magischen Theater, und eines Tages, auf der Bühne, begreift er, mit welcher Wonne er, der sich für einen Pazifisten hält, ein Maschinengewehr ergreift und alle um sich herum tötet. Schließlich gelingt es ihm, diese gegensätzlichen Anteile seines Wesens zu verbinden und zu integrieren. Das bedeutet nicht, daß er im wirklichen Leben beginnen wird, mit Maschinengewehren herumzuhantieren, aber er weiß jetzt, daß er diesen Nichtpazifisten in sich trägt. Es ist das, was Jung »Mit einem Monster leben« nennt.

Ich arbeite daran, dieses Monster zu kennen und immer tiefer in dieses Biest hinabzusteigen, weil es erst so möglich wird, im gleichen Zug höher und höher zu gehen. Der heilige Augustinus hat das so gesagt: Wenn du hinauf willst, mußt du auch hinab.

Es gibt etwas im Menschen, das weiß, wo es hinwill. Wenn dieses Etwas sich in einer bestimmten Atmosphäre wiederfindet, in der es sich sicher, geborgen und wohlfühlt, kann es seinen eigenen Fortschritt lenken. Meine Arbeit in den Gruppen besteht darin, zu horchen, was der Mensch als Möglichkeiten in sich trägt. Eines der Prinzipien dabei ist die Koexistenz. Es geht darum, zu erkennen, daß man sehr verschiedene Arten und Weisen hat, Dinge zu betrachten. Ich versuche, erfahrbar zu machen, wie man den anderen in seiner Andersartigkeit akzeptieren kann. Es geht aber genauso darum, die Koexistenz außerordentlich verschiedener Tendenzen in sich selbst zu akzeptieren: sehr verschiedene Dinge können gleichzeitig nebeneinander existieren. Jacques Lacan, ein französischer Psychoanalytiker und Philosoph, spricht nicht von Liebe, sondern von Haßliebe.

Aspekte von Hesses literarischen Spielen tauchen auch in unseren Spielen auf. Wir können zur gleichen Zeit Buddha, Christus und Freud auf der Bühne haben. Mittels unserer Imagination können sie sich sogar miteinander unterhalten. Wir benutzen also ihre Gestalten und versuchen so, etwas auszudrücken – in erster Linie, um uns selbst etwas zu sagen. In meiner Arbeit werden die Schüler immer wieder hinauf- und hinuntergeworfen, in die Welt der Dämonen, der bösen Geister, und in die Welt der Daimonen, der guten Geister. Erst wenn jemand die widersprüchlichen Anteile seiner selbst akzeptiert und integriert hat, kann er beginnen, die Verantwortung für sein Handeln zu übernehmen.

Von C. G. Jung fiel mir mit sechzehn zum ersten Mal ein Buch in die Hände; seitdem hat er mich nie wieder verlassen. Durch die Arbeit mit Jungschen Ideen verwikkelte ich mich immer mehr in das, was Jung die »Individuation«[5] nennt. Das ist eine Lebensarbeit, die mit Sicherheit viele Wurzeln haben muß. Wenn es etwas gibt, was ich mir für die Menschen wünsche, mit denen ich arbeite, dann ist es, ihnen zu ermöglichen, multidimensional zu werden. Nichts anderes wünsche ich mir für mich selbst. Multidimensional zu werden, hieße, die Energie genau dorthin lenken zu können, wohin man sie haben will und wann man sie haben will und darüber hinaus noch zu wissen, warum man das will.

Das klingt zunächst sehr abstrakt. Wenn du aber mit deinem Körper in eine bestimmte Richtung gehen willst und dabei feststellst, daß du tatsächlich ganz anderswohin läufst, dann mußt du herausfinden, warum das so ist. Das kommt immerzu vor. Wenn also eine Gruppe eine Übung einfach nicht machen kann, müssen wir sehen, warum das so ist. Das erste, wonach wir fragen, ist, ob es am »savoir«, am Wissen liegt, ob die Gruppe einfach etwas Wichtiges nicht weiß. Wenn sie die Aufgabe verstanden hat und alles Erforderliche weiß, ist die nächste Frage, ob es am »pouvoir«, also am Können, am Vermögen liegt, daß sie die Übung nicht machen kann.

Das »pouvoir« kann aus vielen Gründen fehlen. Wenn man mit Bewegung arbeitet, wird man sich zum Beispiel auch über unten und oben, rechts und links, vorne und hinten klar. Man kann feststellen, daß es Richtungen gibt, die für einen nicht existieren. Man muß sie strukturieren und erkennbar machen, daß dir diese Richtungen fehlen.

Ich hatte bei meinem eigenen Körper gemerkt, daß mir eine bestimmte Richtung schon immer gefehlt hatte: die rechts hinter mir. Sie war wie skotomisiert. Eines Tages fand ich heraus, warum: in meiner Kindheit hatte rechts hinter meinem Bett ein Schrank gestanden. Immer wieder war mir Angst vor irgend etwas in diesem Schrank gemacht worden. Diese Angst hatte ich verdrängt, und seitdem gab es auch diese Richtung für mich nicht mehr. Wenn ich in diese Richtung gehen wollte, ging ich immer anderswohin. Als ich den Zusammenhang begriffen hatte, war auch diese Richtung für mich plötzlich wieder verfügbar.

Es gibt Menschen, die haben die unglaubliche Energie eines Bullen, ohne damit irgendwohin gehen zu können. Es ist, als ob ihnen überhaupt alle Richtungen fehlen würden. Wir versuchen, in der Körperarbeit immer eine Person zu strukturieren, um die Teile ausfindig zu machen, die ihr in der Strukturierung fehlen. Dann versuchen wir, diese Teile zu beleben und an ihren Platz zu bringen.

Bei meiner Arbeit kann man nie vorher wissen, was und wann etwas auftauchen wird. Wichtig dabei ist, daß man die entstehenden Erfahrungen nicht nur mit dem eigenen Bewußtsein macht, sondern daß man sie auch mit jemandem teilt.

Diese Arbeit hat sich in kleinen oder größeren Schritten immer weiter entwickelt. Es hat aber nur einen wirklich deutlichen Sprung von großer Bedeutung gegeben, und das war die Psychoanalyse. Es war die wichtigste Unternehmung meines Lebens, die alles andere in seiner Sinnhaftigkeit deutlich werden ließ; auf französisch ist der Sinn, »sense«, sowohl ein Sinn, eine Bedeutung als auch eine Richtung. Das griechische »gon« nun kann man als Punkt verstehen und folglich die Gonaden als die kleinsten Orte im Körper. Dort sind die genetischen Informationen für die Fortpflanzung gespeichert. Eine solche Gonade trägt alle Bewegungsmöglichkeiten in sich, hat sich aber noch in keine Richtung bewegt. In dem Moment, in dem sie eine Richtung einzuschlagen beginnt, wird sie zur Linie, zum »a-gon«. Weil sie aber eine Bewegung aufgenommen hat, muß sie darum kämpfen, die eingeschlagene

Richtung beizubehalten, um nicht in eine andere Richtung geworfen zu werden.

Im Theater betritt oft zunächst nur ein Schauspieler die Bühne, der Protagonist. Dann kommt der Antagonist mit einer Antwort. Es kann ein Ja oder ein Nein sein, eine Liebesgeschichte oder eine Kriegserklärung. In allen Wörtern, in denen Agon drinsteckt, gibt es immer einen Konflikt, einen kämpferischer Vorgang. Auch bei den Muskeln hat man die Agonisten und die Antagonisten. In allen Zusammensetzungen geht es um eine Anstrengung, die aufgebrachen werden muß. Man kann keinen Berg raufgehen, ohne zu kämpfen, nicht einmal hinab kommt man ohne Anstrengung.

Es ist dieser Geist des Agon, den ich in meiner Arbeit weiterzugeben versuche. Die Anstrengung, die man selbst macht, die Agonie, ist die einzige Möglichkeit, wirklich weiterzukommen. Und natürlich wird das nicht selten mit einer Art Federlassen bezahlt. Ich habe alle möglichen Arten von Leidenschaften ausgelebt, bis einige von selbst weggefallen sind; heute lebe ich andere Leidenschaften. Sie haben die Ebenen gewechselt. Man kann sich von der Oralität zur Analität zur Genitalität, zum Eros, zur Agape und zur Caritas entwickeln, und jedes ist eine Leidenschaft. Meistens sind wir wohl irgendwo in der Mitte; manchmal sind wir unten, manchmal oben. Wenn man zu weit oben ist, rutscht man in eine Inflationierung, und wenn man zu weit unten ist, rutscht man in eine Depression. Ich mag das Wort Agonie sehr gern, weil Agonie ein Gott des Kampfes ist – nicht des Krieges, aber des Kampfes. Ich glaube, daß sich nichts ohne Agonie verändert. Und man muß bereit sein, Verluste in Kauf zu nehmen.

Ungefähr zur gleichen Zeit, in der ich mich für die Jungsche Analyse entschied, fing ich an meiner Schule mit der Maskenarbeit an. Einmal bauten wir dann unsere Masken selbst, und plötzlich merkte ich, wie die Leute ganz anders mit diesen selbstgebastelten Masken spielten. Da war plötzlich eine emotionale Betroffenheit vollkommen anderer Natur. Wenn jemand eine Maske macht, wird er sich immer über eine sehr lange Zeit mit dieser Maske identifizieren. Er wird sehr böse sein, wenn du sein Objekt nicht respektierst, auch wenn es eine ganz armselige Maske geworden ist. Solange diese gefühlsmäßige Besetzung vorhanden ist, gibt es etwas, das daraus zu lernen ist. Für den Menschen unserer Zeit ist nicht Gott, der Unbekannte, Gegenstand einer Maske, sondern das, was in ihm, in uns selbst ist und Gestalt annehmen möchte. Der Homo ludens sucht sich selbst und geht von Verkörperung zu Verkörperung, von Manifestation zu Manifestation, von Veränderung zu Veränderung. Sein ewiges Übergangsobjekt scheint eine Maske zu sein. Sein ewiger Veränderungsentwurf scheint das Begehren zu sein, sich zu demaskieren, um anders, um er selbst zu werden.

Zur Zeit entferne ich mich wieder von der Maskenarbeit und bin mehr mit »Creative Movement« beschäftigt. Ich führe die Maskenarbeit fort, weil sie sehr wichtig ist, aber sie steht nicht mehr im Vordergrund.

Meine Schule wurde mit der Zeit so groß, daß ich schließlich die Leute gar nicht mehr kannte. Sie war so erfolgreich geworden, daß sie sich zunehmend in eine Institution verwandelte. Da habe ich sie geschlossen. Das war 1972.

Als ich die Schule schloß, sagten einige Studenten, ich hätte kein Recht dazu. Ich empfinde das anders. Für mich war die Sache beendet, und ich sagte: »Geht und macht eure eigene Schule.« Ich bin in gewisser Weise sehr egoistisch, ich tue Dinge für meine eigene Weiterentwicklung. Für mich war das wunderbar. Ich denke, man muß einmal im Leben etwas erschaffen, das man dann zerstört. Ich glaube, daß es etwas mit diesem Satz zu tun hat: Coming into your own power. Zu fühlen, daß dein Objekt auch wirklich dein Objekt ist.

Ich habe mir dann irgendwann ein Haus auf dem Land gekauft und arbeite seitdem nur noch auf der Grundlage kurzfristiger Verträge.

Es gibt eine Geschichte, die ich sehr liebe. Es kommt ein Mann in ein ländliches Gasthaus und bittet um ein Zimmer für die Nacht. Es gefällt ihm dort so gut, daß er auch die nächste Nacht bleibt. Er bleibt eine Woche, einen Monat, und jeden Tag sagt er: »Ich werde noch einen Tag bleiben.« Nach etwa zwei Monaten kommt der Wirt und fragt ihn: »Wollen Sie nicht lieber sagen, wie lange Sie bleiben werden? Wir könnten Ihnen dann auch einen viel günstigeren Preis anbieten.« Der Mann antwortet: »Nein, ich werde Ihnen jeden Tag sagen, ob ich noch einen weiteren Tag zu bleiben gedenke. Wenn ich Ihnen sage, wie lange ich bleibe, werden Sie mich für selbstverständlich hinnehmen.«

Genauso halte ich es mit meiner Arbeit. Ich mache immer nur eng begrenzte Verträge. Wenn wir es wollen, können wir später einen weiteren Vertrag machen. Am Ende eines jeden Treffens, auch wenn es sich um Gruppen handelt, mit denen ich schon jahrelang zusammenarbeite, ist die Sache für mich beendet. Wir treffen uns nur wieder, weil wir uns jedes Mal neu dafür entschieden habe. Vielleicht bleiben wir für den Rest unseres Lebens zusammen, sind aber dennoch in jedem Moment frei. Es ist eine riskante Art zu arbeiten, aber mir ist sehr wichtig, daß Menschen niemals das Gefühl haben, verführt worden zu sein.

Irgendwie habe ich eine sehr stoische Natur. Ich bin zutiefst optimistisch, allerdings eher in kosmischen Zeiträumen gesehen. Die menschliche Tragödie, von der wir alle betroffen sind, stört diesen Optimismus nicht. Ich finde, daß der schönste Teil meines Lebens jetzt ist. Ich habe einige Wehs und Achs, ein gewisses Auseinanderfallen des Körpers, aber ich bin glücklicher denn je zuvor. Wenn ich an einem Ring drehen könnte und mir etwas wünschen dürfte, würde ich mir weitere fünfhundert Jahre wünschen. Mindestens!

Wenn ich zu Hause bin, male ich; gerade versuche ich mich mit Radierungen. Mein persönliches Leben teile ich mit der Malerin Denise Voita. Wir leben sehr naturverbunden, wir haben einen Garten und Tiere und einen beständigen Diskurs über Kunst. Diese Beschäftigung mit der Kunst taucht auch in meinen Kursen wieder auf, denn meine Schüler sind auf ihre Weise auch künftige Künstler. Wenn ich von »künftig« spreche, meine ich folgendes: In jedem Menschen steckt ein »Anderer«, jemand, den ich in mir trage, ohne ihn bisher integriert zu haben. Ich habe ihn noch nicht befreit, ihm noch keine Chance gegeben, sich zu manifestieren. In gewisser Weise arbeite ich mit den Leuten daran, über Körpertechniken zum »Anderen« in sich selbst zu kommen.

Dieser »Andere« ist nie in weiter Ferne. Für mich ist das Hier und Jetzt nicht nur das, was ist, sondern auch eine unglaubliche Fülle von Möglichkeiten. Oftmals ist etwas in einem Moment latent vorhanden, und wenn du es nicht siehst, ist es zu spät. Bei den Griechen gibt es den herrlichen Gott Kairos. Er ist der Gott des »moment propise«. Auf französisch heißt Glück »bonheur«, bon heure, die gute Stunde; Kairos ist der Gott der bon heure. Wenn du ihn etwas fragst, passiert das immer genau im richtigen Moment, damit etwas geschieht.

In der Körperarbeit versuchen wir, genau bei diesem richtigen Moment zu sein. Wenn die Schüler ihn in der Körperarbeit finden können, können sie ihn später auch im Leben finden. Sehr häufig muß man einfach entspannen und es geschehen lassen, weil es sich nicht erzwingen läßt. Du mußt nur dafür offen sein. Das bedeutet, für den Samen offen zu sein, der im Hier und Jetzt ständig vorhanden ist.

Meine Arbeitsweise hat sich sehr verändert, seit ich die Schule geschlossen habe. Damit meine ich nicht nur die veränderte Gewichtung der Maskenarbeit. Früher habe ich oft magische Praktiken eingesetzt, ich habe Menschen quasi verführt. Heute bemühe ich mich nicht mehr, über Verführung etwas zu bewirken, obwohl Verführung und die Verwendung magischer Praktiken sehr faszinierend ist. Der weiße Magier tut aber nichts anderes als ein Schwarzmagier, der es müde ist, seine Macht nur für sich selbst zu nutzen, und sie nun für eine Gemeinschaft einsetzt.

Es kann sich um eine große oder um eine kleine Gemeinschaft handeln. Vom Charisma sind die Menschen fasziniert und deshalb verführbar. Heute versuche ich, die Menschen verstehen zu lassen, daß ihre Fragen und Wünsche ihre eigenen Wünsche und Fragen sind und nicht meine. Es ist mir wichtig, daß sie verstehen: es ist ihr Wunsch, an etwas zu arbeiten. Ich tue nichts weiter, als das Handwerk dafür anzubieten, und komme nur noch sehr entfernt ins Spiel. Die Schüler wissen genauer, was sie von mir wollen; wir nutzen einander nicht aus. Wir tauschen etwas.

Im Verlauf der Zusammenarbeit gebe ich die Informationen, die ein Mensch zur Veränderung braucht. Wenn er sie anwenden will – schön, wenn nicht, dann läßt er es eben sein. Es ist seine Wahl. Das kann wie bei einem Raucher sein: er weiß genau, daß Rauchen äußerst destruktiv ist, und dennoch raucht er weiter. Um solchen selbstzerstörerischen »Wahl«möglichkeiten entgegenzuwirken, muß ich ein Bewußtsein aufbauen. Langsam. Deswegen gibt es bestimmte Sachen, die ich immer wieder in meinem Unterricht wiederholte. Irgendwann kommen dann manche an und sagen: »Bei dem, was du heute gesagt hast, habe ich endlich begriffen ...« Dabei habe ich genau das schon jahrelang gesagt. Sie waren nur noch nicht bereit, es zu hören.

Auch inhaltlich hat sich meine Arbeit sehr verändert. Ursprünglich war ich ja Tänzerin und Tanzlehrerin. Ich habe auch nie aufgehört, Tanz zu unterrichten – nur daß ich heute den Tanz benutze, um andere Dinge erfahrbar zu machen.

Als ich Mythen in meine Arbeit hineintrug, tat ich das, um zu zeigen, wie Mythen auch heute noch andauernd wirksam sind und unser ganzes Leben durchdringen. Völlig egal, ob wir ihnen sehr rational begegnen oder nicht. Bei mir wird zuweilen mit sehr harten Kontrasten gearbeitet. Man ist im Dunkeln, und plötzlich bricht gleißendes Licht in die Augen. Wir arbeiten mit Projektoren, um aus der Stockfinsternis in ein blendendes Licht zu gehen. Die Gefahrenquellen sind ganz offensichtlich. Wenn meine Schüler dann zusammenstoßen oder stolpern, haben sie vergessen, im Moment zu sein. Sie haben sich epimythisch verhalten. Jeder von uns trägt auch Epimetheus in sich. Der sagt immer hinterher: »Das habe ich nicht so gemeint!« Aber es ist zu spät, die Tragödie ist passiert. Das Auto hat den Passanten überfahren.

Ich erkläre, was Prometheus und Epimetheus für Funktionen haben. Prometheus ist der, der immer nach vorne blickt, während Epimetheus die Dinge erst dann sieht, wenn sie bereits geschehen sind. Ich habe manchmal Leute, die sich ständig verletzen, eben weil sie epimethisch sind. Sie gucken nicht, wo sie hingehen. Mythen helfen mir also in der Arbeit, bestimmte psychologische Funktionen deutlich zu machen. Wir arbeiten gemeinsam daran, solche Zusammenhänge in der Seele zu entdecken oder wiederzuentdecken. Die Schüler fangen dann oft an, sich für Mythen zu interessieren und sie nachzulesen.

Das polytheistische System aus dem antiken Griechenland finde ich ganz wunderbar. Ein Gott ist so lange tot, wie keiner ihn braucht. Zur Zeit merken die Menschen wieder, daß sie die Götter brauchen, und die Götter kommen wieder. Natürlich sind sie Projektionen. Pierre Solié, ein Analytiker, mit dem ich zusammenarbeite, nennt das psychische Realitäten.

Diese Sichtweise fiel mir als Atheistin lange Zeit sehr schwer. Durch die Arbeit mit den verschiedensten Menschen bin ich jedoch immer wieder darauf gestoßen, wie sehr die Mythen innere Realitäten sind. Bei einigen Menschen spielt Tartaros zum Beispiel eine große Rolle. In der griechischen Mythologie ist Tartaros der Ort, wo alle Menschen, die Zeus verärgert haben, zur Strafe hinkommen. Tartaros ist ein Ort, wo es kein Oben, kein Unten, weder ein Vorwärts noch Rückwärts, Rechts oder Links gibt. Er ist die vollkommene Verwirrung, das große Chaos im Inneren der Mutter. Dort herrscht vollständige, symbiotische Konfusion. Um aus diesem Chaos herauszufinden, muß man versuchen, es in in einen Kosmos zu transformieren, die Strukturen erkennen zu lernen. Man muß ein immer feineres Bewußtsein für die Unterscheidung entwickeln, daß meine Rechte nicht meine Linke ist und daß oben und unten nicht das gleiche sind. Trotzdem muß man ihre Verbindung spüren, sie als Pole wahrnehmen.

Ich glaube nicht, daß man von heute auf morgen Konflikte lösen kann. Ich habe auch durchaus nicht das

Gefühl, an die Wurzeln des Übels zu gelangen. Das Übel, an dem meine Klienten leiden, wird in der Arbeit auftauchen, aber wenn sie wirklich an ihren Konflikten arbeiten wollen, werden sie sich früher oder später in eine Analyse begeben müssen. Ich arbeite mit einer Reihe von Analytikern zusammen. Zum Teil machen wir gemeinsame Gruppenarbeit mit ihren Klienten: morgens arbeiten die Analytiker auf ihre Weise mit den Träumen, während ich das am Nachmittag auf der Bühne tue. Ich schaffe Situationen, in denen die Klienten bestimmte Dinge erkunden können. Übrigens treffen mich bei solcher Arbeit auch immer wieder Projektionen aus der Gruppe, wie es von allen Analytikern bekannt ist.

Ich suche also immer wieder die Zusammenarbeit mit Leuten, deren Arbeit sich mit meiner ergänzt. Ich habe allerdings die Erfahrung gemacht, daß Analytiker, die noch nicht mit mir gearbeitet haben, mit mancher Situation nicht umzugehen wissen. Das, was von den Träumen ausgelöst in unseren Spielen auftaucht, ist teilweise sehr gewalttätig. Aber im Grunde verstehe ich den Vorgang in seiner Gesamtheit ohnehin nicht.

Meine Arbeit selbst mag ich nicht als eine Methode bezeichnen. Ich nenne sie lieber einen Weg. Dabei kann ich diesen Weg nur schwer umreißen. Das Ganze ist wie ein Gobelin, der aus zahllosen Farben und Fäden zusammengewebt ist. Außerdem kann eine Methode weitergegeben werden, und ich bin mir gar nicht sicher, ob es überhaupt interessant ist, etwas weiterzugeben. Ich will Menschen nur zu dem Punkt bringen, wo sie ihre eigenen Methoden, ihre eigene Lebensarbeit entwickeln können. Man könnte sagen, daß ich mich selber sabotiere.

Manchmal werde ich gefragt, warum ich meine Arbeit nicht »Sheleen-Technik« nenne. Aber es fällt mir schwer, mich so wichtig zu nehmen. Alles, was ich getan habe, mußte ich für mich selber tun. Insofern fühle ich keine Anerkennungsbedürfnisse, die über das hinausgehen, was ohnehin da ist.

Inzwischen gibt es eine Menge Leute, die auf meine Weise arbeiten. Ich würde nicht unbedingt sagen, daß sie alle von ihrer persönlichen Entwicklung her darauf vorbereitet sind, aber ich kann niemanden daran hindern. Es gibt zum Beispiel Lehrer, die ihre Schülerinnen in sich verliebt machen. Es ist aber nicht gut, die Arbeit zu benutzen, um das zu erreichen.

Was meine Arbeit so erfolgreich gemacht hat, kann ich nicht sagen. Als ich jung war, hatte ich Fragen, die mir niemand beantworten konnte. Da habe ich für mich selbst Antworten gefunden und irgendwann begonnen, sie weiterzugeben. Für mich ist das immer wie ein Durst. – Durst, bis ich eine Wasserstelle finde. Dann weiß ich genau: das wollte ich haben. Nachdem ich getrunken habe, ist der Durst gestillt, und ich kann weitergehen, bis sich neuer Durst einstellt.

Ich empfinde meine Arbeit als einen poetischen Prozeß. Diesen Prozeß »das Heilige« oder »the Holy« zu nennen, klingt mir zu klobig und hat andere Konnotationen. Auf französisch läßt es sich leichter sagen. Vielleicht bin ich jemand, der in Verbindung mit »le sacré« treten will. Mir scheint, daß die Menschen einen großen Durst danach haben, mit »le sacré« Verbindung aufzunehmen. Religion verbindet zwischen dem, was oben ist, und dem, was unten ist. Es ist die Re-ligio, die Wiederanbindung, und das ist nicht mit Kirche gleichzusetzen.

Ich gehöre keiner Religion und keinem Kult an, aber ich lausche dem Symbolischen, was mir durch diese Kulte hindurchscheint. Die Religion ist die Organisation des Heiligen. Und das Symbolische ist die Metasprache, es ist die Sprache, die beide Ebenen ständig miteinander verbindet: das Heilige und den Alltag. Ein Symbol ist immer ein Hinweis auf etwas Hohes oder Niedriges, rechts- oder linksständig, vorne oder dahinter; es ist irgendwo im Raum angesiedelt. Das, was ich bei Menschen vor allem eröffnen möchte, ist der symbolische Ausdruck. Der kann sich durch den Körper im Tanz ausdrücken oder im Schauspielern, in der Theaterarbeit oder im Maskenbau.

Das Symbolische ist kein angeborener Instinkt. Es ist eine Sprache, die erst erlernt werden muß. Früher habe ich meine Arbeit als »Expression Corporelle« (Körperausdruck) bezeichnet. Dieses Wort verwende ich heute nicht mehr. Ich mache nämlich keine »Expression Corporelle«, ich mache »Impression Corporelle« (Körpereindrücke). Der Ausdruck ist angeboren: wenn du dich verbrennst, weichst du schnell aus. Du mußt nicht erst lernen, die Hand wegzuziehen. Als Menschen brauchen wir aber eine Sprache, die mehr ist als eine instinktive Reaktion. Das ist die Enkulturation.

Insofern weiß ich auch nicht, ob ich mich eine Therapeutin nennen würde. Ich erkläre die Symbole: was sie im Raum bedeuten, was das graphische und was das choreographische Symbol ist und wie man all das als eine Sprache benutzen kann. »Enseignement« nenne ich das, die Zeichen lehren, »Impression Corporelle«. Es ist auch Erziehung. Es geht darum, das aus dem anderen herauszuholen, was er in sich trägt, was er sein könnte.

Natürlich hoffe ich, daß meine Arbeit die Schüler besser macht – aber besser für sich selbst. Eines der großen Themen, die meine Arbeit immer wieder umkreist, ist das Subjektive und das Objektive. Ich versuche, Menschen dazu zu bringen, ihr Handeln von Subjekt zu Subjekt zu erleben. Nicht von Subjekt zu Objekt. Viele Menschen kommen immer wieder zu meinen Kursen, weil sie merken, daß sie von anderen nicht mehr als Objekte behandelt werden wollen. Plötzlich begreifen sie auch, wann sie selbst andere als Objekt behandelt haben und lernen, das zu verändern. Aber sie brauchen konkrete Situationen, in denen sich das erfahren läßt. Das Theater ist dafür ein wundervoller Ort.

Wenn bei uns jemand auf der Bühne irgend etwas spielen soll, hat er meistens kein Konzept. Er handelt zwar in dem, was wir das Imaginäre nennen, ist aber noch nicht in der aktiven Imagination. Seine Imagination ist passiv. Meistens hat ihn irgend etwas dazu gedrängt, mit dem Spiel zu beginnen. Dieser Drang kann sein Spiel ungefähr zwei Minuten lang tragen. Danach weiß er nicht mehr weiter und beginnt, sich sehnsüchtig jemand anderen auf die Bühne zu wünschen, von dem er sich eine Antwort erhofft. Aber dieser Nächste kommt aus ganz eigenen Beweggründen. Auch er hat wiederum kein Konzept. Der erste Spieler wird sich also auf symbiotische Weise an dem zweiten festsaugen; häufig genug ist jetzt aber die zweite Person nicht kräftiger als die erste, und so fangen sie an, sich aneinanderzulehnen. Damit enden beide in einer schrecklichen Situation: sie wissen nicht mehr, was sie tun sollen, weil keiner für den anderen eine Antwort weiß, die sie weiterbringen würde. Die Leute müssen also lernen, auch unabhängig von anderen spielen zu können.

Meine Arbeit besteht darin, beiden zu vermitteln, daß jeder ein Projekt haben muß und wie man den Plan dazu organisieren und aufrechterhalten kann, ohne den anderen Spieler zu verführen; das Bedürfnis nach Symbiotik ist immer wieder verführerisch.

Ganz deutlich wird das zum Beispiel, wenn jemand allein in die Ferien fährt. Ein paar Tage, manchmal nur Stunden ist das wunderbar; dann weiß man nichts mehr mit sich anzufangen und beginnt, nach Leuten zu suchen, an die man sich hängen kann. Wie oft nach den Ferien heißt es dann, man habe eine furchtbare Zeit gehabt, mit den Leuten sei nichts los gewesen.

Mit der Zeit lernen meine Schüler, mit diesen Prozessen umzugehen und sie von der Bühne aufs Leben draußen übertragen zu können. Sie werden dann auch nicht mehr auf jemanden warten, durch den sie von außen bestimmt werden.

Unsere Probleme haben aber auch viel damit zu tun, daß wir nicht sterben können. In der dritten Phase meiner Analyse, nachdem ich schon zweimal gedacht hatte, am Ende angelangt zu sein, bin ich tief, tief hinuntergegangen. Die vorhergegangenen Jahre schienen mir nur eine Vorbereitung gewesen zu sein. Es war eine Art Sterben, ein sehr, sehr tiefes Sterben, und ich glaube nicht, daß ich ein zweites Mal so sterben kann. In gewisser Weise bin ich für die Macht und für den Willen zur Macht gestorben. Früher oder später muß sich das Individuum mit seinem Verhältnis und Willen zur Macht konfrontieren. Ich habe meine Macht nach dieser Erfahrung nicht aufgegeben, sondern den Willen zur Macht. Heute versuche ich, den Schülern zu ermöglichen, auch diesen Schritt zu tun. Dazu benutze ich wiederum Macht, aber nur, damit ihnen bewußt werden kann, was der Wille zur Macht in ihnen selbst ist. Es ist dieser Wille, der mich den anderen als Objekt benutzen läßt. Es ist der Oger, der Riese aus dem Märchen, der alle Menschen auffrißt. Der Wille zur Macht ist der Wille, die Welt zu verzehren. Nur wenn du dieses Biest in dir integriert hast und weißt, daß auch du diese Welt auffressen würdest, kannst du es ausagieren, dir dessen bewußt werden. Du kannst wieder in deine Lebenssituation hineingleiten und dein Handeln neu entscheiden. Ich arbeite daran, für das eigene Handeln verantwortlich zu werden und Bewußtsein darüber zu gewinnen.

Trancetanz
Kaye Hoffman

»Es hat überhaupt keinen Sinn, nach Afrika zu gehen oder, wie die Afrikaner das nennen, »to go native«. Es bringt nichts, sich ein Baströckchen umzuhängen, sondern es erfordert eine sehr differenzierte Arbeit an sich selbst und auch an der eigenen Kultur, wenn man das verstehen will, was uns zu einer Art hölzerner Puppen gemacht hat.« Widdersberg, 27.4.1988

Kaye Hoffman vermittelt ethnische Trancetanzformen, in denen Bewegungen in sich eine Sprache darstellen, die energetische Zustände ausdrückt. Bewegungen, die in Europa lange Zeit als Ausdruck von Besessenheit, Wahnsinn oder sexueller Hysterie angesehen wurden, werden von Kaye Hoffman in ihrem transzendentalen Aspekt herausgearbeitet. Ihr Trancetanz steht nicht wie der Tanz unter dem Vorzeichen von Körperbeherrschung und Können, Trancetänze sind vielmehr der Ausdruck einer inneren Bewegtheit. Im Zustand der Trance führt nicht der Tänzer einen Tanz aus, sondern der Tanz beherrscht den Tänzer und zwingt ihn zu einer Gesetzmäßigkeit, die dem Tanz innezuwohnen scheint. Im Tanz zeigt sich eine Ordnung, die sich entwickelt und leibhaftig nachvollzogen werden kann, bevor das Bewußtsein diese Ordnung erkennt. In einem Zustand, in dem die Kontrolle über den Körper aufgegeben wird, fühlen sich die Muskeln geradezu dazu aufgefordert, ihre Phantasien auszuleben. Da diese Verselbständigung des Körpers oft als eine Kapitulation des Geistes vor dem Körper angesehen wird, wird der freie Ausdruck abgebremst und kann sich nur verdruckst entladen. Deshalb geht es vorerst um die Vermittlung und Bewußtmachung bestimmter Lebensgefühle.

Als ich geboren wurde, waren meine Eltern gerade in Basel. Mein Vater war noch vor dem Krieg aus Österreich in die USA emigriert und hatte dort meine Mutter, eine Amerikanerin, geheiratet; da er die USA aber als ein Land ohne Kultur und Geschichte empfand, kamen beide nach dem Krieg nach Europa. Entsprechend der Interessen meines Vaters ging ich sonntags nicht in die Kirche, sondern besuchte mit ihm Museen.

Mit fünf oder sechs Jahren machte ich dann meine ersten Tanzerfahrungen. Das war der Traum meiner Kindheit. Es wurde eine Katastrophe. Ich konnte rechts und links nicht unterscheiden und war so tolpatschig, daß ich bei einer Ballettaufführung, die »Die Schneeballschlacht« hieß, den Schneeball darstellen mußte.

Nach dem Abitur ging ich für ein paar Monate nach New York. Auf der einen Seite habe ich den American Way of Life gehaßt, andererseits konnte ich mich den Impulsen – »It's never to late«, »Do it yourself«, »Do it« – nicht entziehen. Wenn ich erzählte, daß ich vom Tanzen träumte, sagten alle: »Warum tust du es dann nicht?« »Weil ich klein bin und dick und tolpatschig.« »Ach, das ändert sich dann schon«, sagten sie und haben mir immer zugeredet. »Ja, aber meine Knochen sind schon so fest, mit Tanzen muß man doch anfangen, wenn man noch jung ist...«

Wieder nach München zurückgekehrt, beschloß ich, Philosophie zu studieren. Ich war sehr ehrgeizig, wollte top sein und wirklich Macht ausüben können. Ich hatte das Gefühl, daß die Philosophie, das Denken-Können und das Selbstbestimmen-Können, ganz wichtig dabei ist.

Macht heißt für mich zunächst Freiheit und beinhaltet einen freien, unbelasteten Geist, der nicht von irgend jemandem, der mir etwas vorkaut, manipuliert wird. Ich war aber schon in der Schule ein perfektionierter Schwänzer und war auch im Studium nie da. Irgendwann zog ich dann nach Italien.

Dort kam ich zufällig in eine Landkommune, die ich erst acht Jahre später wieder verließ. Eines Tages, ich machte gerade Autostopp, kam ein Psychiater vorbei, der mich mitnahm. Es war die Zeit in Italien, in der die Psychiatrien geöffnet wurden.[1] Das Auto des Psychiaters war vollbepackt mit Musikinstrumenten. Am Ziel wurden die Musikinstrumente an Leute – es waren vorwiegend mongoloide und senile Menschen – verteilt. Dann wurde Musik gemacht und getanzt. Ich war fasziniert von den langen Zeiträumen, die diese Menschen tanzend, singend und rasselnd verbrachten. Es war kein kopfiges Engagement, sondern es war ein Involviertsein in einem großen Energiefluß.

Italien war für mich, was Ernst Bloch[2] den »Latenzraum« nennt. Ich habe wie ein Schmetterling in einem Kokon verpuppt gelebt. Ich habe es mir dort einfach gutgehen lassen. Das harte Leben hat erst begonnen, als ich entschied: »So kann man nicht alt werden, die Hippiezeit ist vorbei.« Ich bin nach Deutschland, in ein sehr kaltes, konkurrenzbestimmtes Milieu zurückgekehrt.

Ich nahm mein Studium wieder auf, probierte verschiedene Meditationsformen aus und versuchte, von meiner Malerei zu leben. Als ich feststellte, daß ich mit meinen Bildern kein Geld verdienen konnte, habe ich überlegt: Wo ist eine Marktlücke für mich, was für Begabungen habe ich, wo kann ich sie verkaufen und wie muß ich mich stylen? Ich stellte fest, daß es eine Marktlücke gab, nämlich afrikanischer Tanz. Er ist mit einem bestimmten Körpergefühl verbunden, mit einem Versprechen auf Gelöstheit, Gelassenheit, mit dem Versprechen, daß man lernen würde, sich auf eine sexuell attraktive, charmante, sanfte Art zu bewegen. Ich war nie in Afrika gewesen, sondern nur viel mit afrikanischen und lateinamerikanischen Musikern zusammen. Ich habe mich bei ihnen immer sehr zu Hause gefühlt. Ich war bezaubert von der Art, wie afrikanische Musiker auf der Bühne stehen, von ihrer Leichtigkeit. Ich tanzte Samba, ohne es je gelernt zu haben, und brauchte die unterschiedlichen Tanzarten nicht einmal zu üben. Ich dachte nie, daß es etwas Besonderes ist. Erst als ich wieder in Deutschland war, merkte ich, daß die Menschen hier gierig und ausgehungert sind; ich merkte, die rennen mir die Bude ein, wenn ich ihnen afrikanischen Tanz verspreche.

Daraufhin habe ich mir eine Identität aufgebaut und zurechtgestylt. Ich habe ein »Totemtier« entworfen, das helfen sollte, mir Leute zu bringen. Dieses Tier hab' ich überall hingehängt, und darunter stand: »Primitive Dance«. Ich dachte, das ist ein spannender Titel, und sofort waren die Gruppen voll. Ich hatte aber keinerlei Ausbildung, nur Sympathie und Phantasie. Natürlich hatte ich in Italien und dann auch in Deutschland bei verschiedenen Leuten Tanzworkshops mitgemacht. Insofern hätte ich auch höfische Tänze unterrichten können. Aber es kam so viel Feed-back von meinem afrikanischen Styling, daß ich dabei blieb.

Irgendwann dachte ich, »Primitive Dance« ist ein schrecklicher Begriff, und kam auf »Primal Dance«, also »Ursprünglicher Tanz«. Mit dem neuen Namen habe ich dann auch eine Theorie zusammenphantasiert, die mich von anderen afrikanischen Tanzlehrern abhob, indem ich sagte: »Wir müssen nicht nach Afrika gehen. Es geht um die Qualität der Bewegung und nicht nur um die Formen.«

Es wurde für mich eine Herausforderung, der Frage nachzugehen, warum die Menschen hier sich wie hölzerne Puppen bewegen. Ich kam darauf, daß die ekstatische Körpererfahrung spätestens mit der Aufklärung nicht nur ausgegrenzt, sondern regelrecht verboten worden war. Es ist eine lange Geschichte von Verdrängung und Verachtung gegenüber dem Körper, der Ekstase, der Sinnlichkeit und der Sexualität. Von Anfang an war mir wichtig, deutlich zu machen, daß wir in unserer Kultur dieses Manko haben, daß wir uns dessen bewußt werden und wissen müssen, woher dieser Mangel kommt: aus unserer persönlichen Biographie und aus der kulturgeschichtlichen Genese. Es hat überhaupt keinen Sinn, nach Afrika zu gehen oder, wie die Afrikaner das nennen, »to go native«. Es bringt nichts, sich ein Baströckchen umzuhängen, sondern es erfordert eine sehr differenzierte Arbeit an sich selbst und auch an der eigenen Kultur, wenn man das verstehen will, was uns zu einer Art hölzerner Puppen gemacht hat.

Plötzlich kam dann eine Zeit, in der mir das alles gestunken hat. Immer mehr Leute kamen mit ziemlich einseitigen Erwartungen zu mir: sie wollten einfach mal wieder tanzen, aktivistisch sechs Stunden durchtanzen, sich so richtig austoben bis zum Muskelkater, bis alle Gelenke weh tun und der Kopf leer ist. Sie kamen mit Vorstellungen von Aus-sich-Herausgehen, die etwas sehr Gewalttätiges hatten und die ich noch durch entsprechende Musik aufheizen sollte. Es gab eine Erwartung auf Animation, also Hoffnung auf die Beseelung eines toten Körpers und eines toten Geistes. Meine Klienten wollten keine seelische, keine geistige Dimension, sie wollten erst recht nicht lernen und ihre Intelligenz einsetzen.

Bei mir muß das dauernde Stampfen eine totale Überreizung der inneren Organe bewirkt haben. Ein Jahr lang hatte ich eine Dauerblutung, die Knie und alle anderen Gelenke taten weh, und plötzlich konnte ich keine Trommeln mehr hören. Ich entwickelte eine abgrundtiefe Ablehnung von allem, was urig ist. Ich war aus meinem Stil herausgewachsen wie aus einem Kleid. Es war ein großes Dilemma, weil ich mit »Primal Dance« inzwischen ziemlich gut verdiente.

In dieser Zeit ging ich nach Brasilien. Ich fuhr mit der Absicht los, afrobrasilianische Kulte kennenzulernen, ging damals noch von der gierigen und bedürftigen Haltung aus, daß da drüben etwas ist, was wir nicht haben. Ich habe dann Dinge dort gesehen, die mich sehr gebeutelt haben. Als ich zurückkam, merkte ich, daß wir nicht nur keine Sinnlichkeit kennen. Wir haben auch keine Übersinnlichkeit, die sich ja erst auf der Sinnlichkeit aufbaut.

Es folgt eine lange Phase der Desorientierung. Plötzlich hat mich regelrecht angekotzt, was mir in Italien noch so erstrebenswert erschienen war: nämlich in Deutschland Karrierefrau sein, einen schicken Wagen fahren, mit dem Flugzeug von einem Workshop zum anderen zu fliegen; Brasilien war der Einbruch des Chaos für mich.

Bis dahin hatte ich geglaubt, daß Gefühle so etwas wie Naturgewalten sind. Was ich aber in Brasilien kennenlernte, war eine sehr kultivierte, uralte Art, mit Gefühlen, Trieben und Instinkten manipulativ und geradezu technisch umzugehen. Ich bin katholisch aufgewachsen und habe am eigenen Leibe gespürt, was es bedeutet, wenn Instinkte entweder als Sünde, als Sucht oder als Torheit und Unbeherrschtheit ausgegrenzt werden. Die Selbstbeherrschung nützt nichts. Das Ich reißt sich zusammen, und die Instinkte laufen davon und sind mächtiger denn je.

Der beherrschte Umgang mit Instinkten gibt eine unglaubliche Freiheit. Wenn wir wollen, können wir mit Instinkten umgehen und auch eine Sprache dafür finden. Ich denke mir Spiele aus, die ich aber nie Rituale nennen mag, weil die Leute dann an heidnische Tanzrituale im Mondenschein denken. Ich sage »Spiele« oder »Happenings« oder »Experimente«. Diese Übungen kommen aus den Erfordernissen des Moments, basieren aber auf Modellen, die ich in einem sakralen Kontext einer anderen Kultur kennengelernt habe. Ich bin selbst immer ganz erstaunt, was mir alles einfällt, wenn es gefordert ist. Es kommt aus dem Kontakt mit dem Augenblick und ist ein Geschenk der Phantasie. Eine Angst von mir ist, wenn ich Techniken und Geschichten in Büchern beschreibe, daß Leute das dann nach Seite 133 etc. machen. Dieses phantasielose Nachbeten von Phantasiegebilden ist das, was Leute »Psychotechniken« nennen, und das verpestet unsere Welt wie nichts anderes.

Was ich aus Brasilien mitgebracht hatte, wurde erst wirklich wichtig, als ich auf einem Workshop den Pariser Psychiater Jacques Donnard kennenlernte. Neben einer großen Bildung strahlte er eine mütterliche Väterlichkeit aus. Er unterrichtete Trancetanz, er benutzte Techniken, die ich aus Brasilien kannte, und machte aber deutlich, daß man sich als Westler mit Trance nur dann beschäftigen kann, wenn man eine eigene spirituelle und geistige Dimension mitbringt. Wenn man Trance als reine Technik begreift, erschöpft sie nur und baut Lebensenergie ab. Trance ist nur heilsam, wenn sie mit Respekt vor dem eigenen Körper, vor der eigenen Belastbarkeit, vor den spirituellen und kultischen Systemen, aus denen die Trancetechniken herkommen, und zugleich mit Respekt für die eigene religiöse Bindung geübt wird.

Damals erkannte ich, daß ich eine Begabung für Trancetanz habe und daß es mich reizte, westlichen Menschen Trance zu vermitteln. Ich war plötzlich leidenschaftlich daran interessiert, herauszufinden, welche Bewegungen welche Bewußtseinszustände auslösen. Mit der Zeit habe ich mehrere Bewegungsarchetypen des Schüttelns, Wiegens, Schaukelns, Schlingerns beschrieben; gerade wenn jemand sehr stark in seinen Gewohnheiten eingepanzert ist, können ekstatische Tänze vielleicht wie ein Einbruch oder wie ein Durchbruch empfunden werden. Ein Mensch, der sich Zeit seines Lebens geduckt hat, sich kraftlos und ohnmächtig vorkam und sich jetzt plötzlich wie ein Löwe fühlt, fragt sich natürlich: »Verdammt, ich als Löwe, was soll ich eigentlich immer noch in diesem Mäuseverein?«

Für viele ist Trance etwas Schmuddeliges – »Da wälzt man sich auf dem Boden« – während Meditation für das »Feinstoffliche« zuständig ist. Es ist mir ganz wichtig, diese schrecklichen Aufteilungen zwischen »Das ist Meditation« und »Igitt, das ist Trance« aufzulösen und zu zeigen, wie alles ineinander überfließt und einander bedingt.

Trance ist ein Raum eines Bewußtseinszustandes, in dem bestimmte Entwicklungsschritte gemacht werden können. Es gibt Tausende Arten von Trance. Sie kann wie eine Erschütterung sein, die alles doppeldeutig und doppelbödig macht, die dich rausschüttelt aus deinem Festgefahrensein, als würden alle Zellen gleichzeitig zu sprechen anfangen. Jede Zelle möchte gehört werden. Dann fällt es dir sehr schwer, die Kontrolle zu behalten und noch immer wie ein Diktator zu bestimmen. Dein Ich ist so ein kleiner Diktator in deinem Organismus. Wenn aber alles mit einmal zum Sprechen kommt, wird es dem Ich sehr schwerfallen, sich selbst noch ernstzunehmen. Es muß nicht vernichtet werden; ich glaube, daß ist bei uns ein falsches Verständnis von Buddhismus. Es geht nur darum, daß das Ich mal einen Schritt zurücktritt.

Wenn ich mit Trance oder mit Zauber arbeite, zeige ich, daß wir uns alle beschummeln und daß das zum menschlichen Bewußtsein gehört. Es sind Programme, die uns konditioniert haben und die wir immer wieder von neuem unserem Bewußtsein einfüttern. Dadurch entsteht das, was wir Identität nennen. Sie umfaßt alle diese kleinen Sachen, auf die ich mich versteifen kann: Gewohnheiten, wie »Ich habe Angst vor Straßenbahnen«, »Ich bin Frau, und deswegen …« Solange diese Gewohnheiten dazu dienen, mich als Einheit durchs Leben zu transportieren, sind sie zumindest sehr ökonomisch. Ich muß nicht jedesmal Energie darauf verwenden, mir zu sagen: »Mensch, wer bin ich eigentlich?« Sich-etwas-Vormachen, das ist ein Grundbestandteil unseres Alltagslebens; wenn es sich aber zu sehr versteift, wird es zu einem Gefängnis. Dann ist es wie der Orgasmus, den du dir selbst machst: das wahre Erleben mit einem anderen ist dann blockiert. Weil du alles selbst machst, wird eine tiefere Dimension abgeschnitten, du fühlst dich vielleicht allmächtig, aber es ist unglaublich langweilig, und daraus entstehen dann Krankheiten.

Indem du erkennst, wie du dir dauernd deine Wirklichkeit zusammenbastelst, kannst du ein Stück raustreten und aufhören, wie ein Hamster in der Tretmühle diese Bedingungen ständig zu wiederholen. Die Perspektive verändert sich. Es ist so wie bei jemandem, der jahrelang in einem Labyrinth herumgelaufen ist und plötzlich auf die Idee kommt, ich könnte doch mal hochspringen, nach unten schauen und das Muster des Labyrinths sehen. Man kann Distanz gewinnen, und zwar nicht durch sein Denken, sondern mehr durch ein Nach-innen-Schauen. Wenn du begriffen hast, wie du dich selbst manipulierst, wirst du immer besser merken, wann andere Leute oder Gegebenheiten dich manipulieren wollen. Du kannst dich auch fragen, was für ein Interesse hinter den Manipulationsversuchen steckt. Das ist zum Beispiel ganz wichtig im Kontext von Politik und von Marktinteressen. Auch wenn du dein eigenes Engagement betrachtest: Was ist die Motivation? Du erkennst dein Engagement als etwas, das dir Lebenssinn produziert; die armen Kinder irgendwo in der Welt haben wenig davon, oder »Mutter Erde« hat wenig davon. Nur du selber hast etwas davon, und indem du erkennst, es ist ein fauler Zauber, den du dir vormachst, wirst du weder dich verachten noch die Objekte deines Engagements, sondern du wirst sehen, daß es im Leben immer so ist. Es ist eine Grundbedingung menschlichen Daseins, daß du dir etwas vormachst. Aber durch den Abstand wirst du souveräner und ausgeglichener. Für mich ist Trancearbeit deshalb auch ein Mittel gegen Fanatismus, gegen Intoleranz und gegen Radikalität.

Insofern denke ich, daß ich mit meiner Körperarbeit auch politisch wirken kann. Ich lebe in einer Zeit, in der die Verneinung und Verachtung des Körperlichen uns in einen Abgrund manövriert hat. Das wissenschaftliche Herrschaftsdenken als ein Todesdenken bemächtigt sich lebendiger Inhalte inklusive des Menschen und zersetzt und zergliedert sie, verachtet sie, schließt sie vom lebendigen Prozeß aus und vor allen Dingen vom Gefühl der Verbundenheit. Aber wir sind miteinander verbunden! Die Sensibilisierung für diese Zusammenhänge ist durch die erweiterte Wahrnehmung bedingt. Für mich sind Politik und Spiritualität zwei Seiten derselben Münze. Die politische Betätigung im Diesseits ist die Auswirkung einer spirituellen Dimension, die überhaupt erst die Motivation wachruft, sich politisch zu engagieren. Meine politische Verantwortung sehe ich darin, daß ich den faulen Zauber der Ideologien aufzeige, deutlich mache, daß wir alle ideologisch besessen sind und daß es zur menschlichen Natur gehört, sich bestimmte Ideensysteme zu bilden. Immerhin entsteht Bewußtsein über Ideologie. Es wird nur fatal, wenn diese Ideologien uns in bestimmte Machtverhältnisse diktieren und wir diese als gegeben hinnehmen.

Meine Trancetanzarbeit hat also auch eine aufklärerische Funktion. Wenn ich weiß, was auf mich verführerisch wirkt, kann ich auch entscheiden, ob ich dieser Verführung nachgeben will oder nicht. Die protestantische Haltung »Ein Mensch muß die Wahrheit wissen und hinter der Wahrheit stehen« war bewußtseinsgeschichtlich vielleicht eine Zeitlang sehr wichtig; der Schatten der Wahrheit aber ist die Lüge. Die Folge dieser Spaltung ist, daß die Menschen nur noch zwischen Wahrheit und Lüge unterscheiden können und in Grauzonen – und das ganze Leben ist eine Grauzone – total hilflos sind und sich nicht mehr orientieren können.

Manche Leute meinen, im Trancetanz bewege sich der Mensch völlig außerhalb jeden Stils – authentisch, unverbildet. Ich kann aber ganz verschiedene Arten von Trancebewegungen vorführen, ohne daß ich in Trance gehe. Männer hängen sehr viel mehr an diesem Paradiesgärtlein der Authentizität als Frauen. Bei Männern habe ich es wie eine Gebetshaltung angesichts der Authentizität empfunden, die dann plötzlich über einen hereinbricht. Ich selbst nehme das nicht so ernst. Was heißt schon »authentisch«? Das ist immer auch die große Frage der Ethnologen: War er nun in Trance, oder war er es nicht? Ich finde diese Frage überhaupt nicht interessant, weil ich weiß, daß ein Schamane zum Beispiel immer auch eine Performance macht. Wenn er dabei seinen Körper so gut beherrscht, daß ein Zündholz unter seiner Achselhöhle seine Haut nicht verbrennt, ist es für mich o.k. Aber es ändert nichts an der Tatsache, daß er immer noch in Performance ist, und zwar in einer sehr gekonnten. Unsere Priester sind leider keine großen Performancekünstler, weswegen es in der Kirche immer so fad ist und sie immer mehr Anhänger verliert. Je fader aber die Show wird, desto größer ist die Anfälligkeit und das Vakuum für wirkliche Demagogen.

Der Grund, warum die Leute heute so sehr auf irrationale Sachen abfahren, ist, daß sie sich auf eine Irrationalität versteift haben, die rational und eindeutig ist. Der faule Zauber wird importiert oder von der Industrie erfunden, die Vergnügungsindustrie ist ein Markt für sich, auch in der Politik wird fauler Zauber demagogisch angewandt. Für einen wirklich aufgeklärten Menschen hat es aber keinen Sinn, daß er davonrennt. Er muß fragen: Warum bin ich anfällig? Warum bin ich zum Beispiel dem Zauber des Konsumzwangs erlegen? Warum muß ich jetzt dieses Auto kaufen? Was setzt mich dem Sog dieses Zaubers so aus?

Im Westen hat sich eine eigentümliche Verflechtung von kapitalistischen Interessen und Therapiemarkt herauskristallisiert. Als Therapeutin mußt du froh sein, wenn möglichst viele Leute krank sind, und du hast ein Interesse daran, wenn auch ein unbewußtes, daß dieser Krankheitszustand bleibt. Ich weiß nicht, ob das immer so war, aber ich weiß, daß es heute so ist.

Diese Situation ist gerade für meine Generation, die 68er-Generation, besonders konfliktbeladen, weil wir ja den Anspruch hatten, die Welt zu verbessern. Jetzt kommen, mich eingeschlossen, diese 68er-Veteranen in den Therapiemarkt, weil es ein Markt ist, der offen ist. Er ist nicht wie der medizinische Markt durch akademische Ansprüche völlig blockiert, er ist auch nicht so pervertiert wie der Kunstmarkt. Es ist ein Markt, in den du hineinschlittern kannst – wie ich. Im Therapiemarkt gibt es viele Leute, die aus anderen Bereichen ausgestiegen sind, die begriffen haben, daß es einfacher ist, wenn sie zum Beispiel nicht gerade Klaviertherapie, aber einfache Entspannungsübungen etwa oder Atemübungen unterrichten. Der Freizeitbereich ist ein viel größerer Bereich als der Kulturbereich. Die Anzahl der Leute, die Klavier lernen möchten, ist sehr viel kleiner als die Anzahl der Leute, die mal eben entspannen oder einfach mal tanzen wollen.

In der staatlich anerkannten Therapieszene gibt es einerseits den hohen Anspruch an den Analytiker, der eine lange und kostspielige Ausbildung hinter sich hat. Wenn du dich aber in die New-age-Szene mischst, fällt auf, wie das Niveau absinkt. Diese Therapieszene meldet keine Ansprüche an. Es gibt zwar einen kleinen Anspruch auf Kreativität, aber die Grenzen weichen auf. Der schnelle Kontakt ist ein wichtiges Gleitmittel, ein wichtiger Futterstoff für den großen Markt von Kontaktbedürfnis. Es ist fast wie ein Eheanbahnungsinstitut. Die Leute wissen nicht, wo sie am Wochenende hingehen sollen, und gehen dann halt mal auf einen Workshop und hoffen, daß dort Männlein und Weiblein auch da sind.

Da ist mehr Freizeitbedürfnis als ein Bedürfnis nach Heilung. Freizeit ist dazu da, daß man sich in einer heilen Welt heil bewegt und nie fragt. Nach allem, was ich bisher erlebt habe, gibt es einen Mangel an Leidensdruck. Der Anspruch, geheilt zu werden, setzt doch voraus, daß man sich unheil fühlt, und das allein ist schon ein hoher Anspruch an Bewußtsein und an Belastbarkeit. An Workshop-Wochenenden merke ich aber nie, daß die Leute unheil sind oder daß sie in einer Welt, in einer Gesellschaft leben, die unheil ist. Es wird heute viel von Transformation geredet: mir scheint, das ist eher wie ein Drogerieartikel ode wie eine rosarote Lichtbombe. Eine nicht larmoyante, eine ernsthafte Arbeit ist höchst selten. Es gibt Not, überall, wo du hinschaust, aber sie ist nicht reflektiert, und die Leute, die tatsächlich Not leiden, würden wohl kaum zu einem Workshop-Wochenende kommen. Die werden in Psychiatrien eingeliefert, hängen bei Fixern oder Alkoholikern herum oder sind im Knast: es sind nicht die Leute, die im freien Therapiemarkt bedient werden. Das macht auch dessen Nivellierung und Beliebigkeit aus.

Das Schlimmste, was dir als Kursleiterin passieren kann, ist, daß einer dabei war, der wirklich in Not steckte, vielleicht sogar, ohne es selbst zu wissen, und der dann ausrastet. Diese Gefahr besteht immer: nach einem Kurs geht jemand ruhig nach Hause, und plötzlich schlägt er die ganze Wohnung zusammen, einschließlich Ehemann, oder hat plötzlich vierzig Grad Fieber. Es hat sich bisher bei mir noch keiner umgebracht, niemand ist verrückt geworden; ich schließe es aber als Möglichkeit nicht aus, und das ist ein Grund, warum ich meine Workshops an den Nagel hänge. Ich sehe die Leute nicht mehr, ich weiß nicht, was mit ihnen passiert. Es ist wie eine Zeitbombe. Oder wie ein LSD-Trip. Nach drei Monaten kann plötzlich ein Schub kommen, und die Welt geht unter, und man weiß gar nicht, was den Untergang ausgelöst hat. Ich weiß, daß durch bestimmte körperliche Übungen, wie sie auch in der Bioenergetik eingesetzt werden, Leute verrückt geworden sind. Die Therapeuten sagen dann, der oder die wären sowieso verrückt geworden; ich selbst möchte mich nicht so herausreden.

Wenn ich überhaupt noch Trancetanz-Workshops mache, dann nur noch zu zweit. Die monolithische, einsame Führerposition und die damit verbundenen Idealisierungsangebote erscheinen mir heute für mich nicht mehr angemessen. Am Schluß ist es ziemlich zum Kotzen, wenn man immer als Urweib idealisiert wird. Das macht man ein paar Jahre, und dann hat man die Schnauze voll. Wenn man zu zweit arbeitet, verteilt sich die Verantwortung, und die Kompetenzen können sich ergänzen.

Meine Arbeit zielt darauf ab, eine Rückbindung an eine nicht-dualistische Kraft zu finden, die mich am Leben erhält und die mir über das reine Überleben hinaus eine Dimension von Tiefe und Erfülltheit gibt, die ich in Harmonie allein oder in Gesundheit allein nicht finden würde. Diese Rückbindung an die Kräfte des Lebens ist eben das, was in allen Heilungssystemen als Therapie verstanden wurde, auch wenn man es nicht so nannte. Zugleich bin ich mit meiner Trancearbeit im selben Konflikt wie jemand, der Aquarellmalen anbietet oder Rituale für moderne Menschen. Die Verquickung meiner Arbeit mit eigenen Überlebensinteressen, mit Geldverdienen also, ist für mich besonders problematisch.

Trance hat etwas sehr Technisches an sich. Es gibt Gesetze der Manipulation; gleichzeitig gibt es das Moment der Gnade. Sie ist etwas, das ich nicht erkaufen, nicht erzwingen, nicht erpressen kann. Sie läßt sich überhaupt nicht herstellen, ist nicht wie eine Ware, die man gegen Geld eintauscht, und doch wird sie wie eine Ware behandelt. Das heißt, wenn die Leute bezahlt haben und in einen Workshop kommen, erwarten sie, daß sie in Trance fallen. Wenn sie in einen Kurs gehen, wo massiert wird, können sie einigermaßen sicher sein, daß zwei Hände mit mehr oder weniger Erfolg an ihnen herumfummeln; wenn sie aber zu mir kommen, ist das ganz anders. Je besser ich bin, je besser ich wirkliche Trance vermitteln kann, desto mehr muß ich alles total offen lassen. Wenn eine bestimmte Präsenz da ist, kann es sein, daß jemand ergriffen wird; es kann sogar sein, daß sein Bewußtsein sich verändert und daß er das dann auch noch Trance nennt. Aber dafür kann er mich nicht bezahlen. Er kann dafür bezahlen, daß ich anwesend bin, daß ich einen Raum gemietet habe, daß er geheizt ist, daß ich Kassetten mitgebracht habe, daß ich bestimmte Rituale auswendig gelernt habe und sie auch produziere – dafür kann er bezahlen. Aber daß Trance eintritt, dafür kann er mich nicht bezahlen.

Mit Trance kann man einerseits einen Punkt erreichen, wo man das Leben als ein Geschenk erlebt. Andererseits, je intensiver ich mich mit Trancetanz beschäftigt habe, um so mehr habe ich Trauer verspürt. Ich denke heute, daß das mit der Trance trotzdem zusammengeht. Sie ist jedesmal ein Abschiednehmen von Sicherheit und diesseitigem weltgebundenem Denken. Gegen diese Art von Trauer ist kein Kraut gewachsen. Alles, was man machen kann, ist, sie als Lebendigkeit zu genießen.

Anmerkungen

Zum Vorwort (S. 7)

1 In Nizza
2 Rudolf von Laban, als Rudolf Laban de Varaljas geboren, hatte etwa 1910 seine erste Schule in München gegründet. Die Sommermonate 1913 und 1914 wurden legendäre Monate kreativer Begegnungen auf dem Monte Verità.
3 Laban hatte sich bald als Theoretiker des modernen Tanzes hervorgetan. Er betonte die Unabhängigkeit des Tanzes von den anderen Künsten. Der Impuls des Tanzes nach seiner Auffassung immer von der Körpermitte aus und pflanzt sich in die Extremitäten fort. Der Gegenspieler des Tänzers war für Laban der dreidimensionalen Raum, den er in zwölf Bewegungsrichtungen strukturierte. In seinem 1926 in Jena veröffentlichtem Buch »Choreographie« hatte er die Grundlagen seiner »Kinetographie« genannten Tanzschrift formuliert. Von ihm selber, seinem späteren Schüler Kurt Jooss und dem ersten Leiter der Laban-Bewegungschöre, A. Knust, weiterentwickelt, fand diese Tanzschrift unter dem Namen »Labannotation« internationale Verbreitung.
4 Heinrich von Kleist, 1777–1811, versinnbildlichte seine Vorstellung von einem Leben, das sich aus einem inneren, unverrückbaren Gefühl heraus entfaltet, in dem Aufsatz »Über das Marionettentheater«.
5 Platon, 427–347 vor unserer Zeitrechnung. Begründete den objektiven Idealismus, der davon ausgeht, daß die Welt der Erscheinungen ein schwacher Abglanz der wahren Welt der Ideen ist. Diese Ideen könne der Mensch erkennen, da er selber wesentlich von Ideen bestimmt sei. Sie garantierten die Objektivität der Wahrheit.
6 Hedwig Kallmeyer (geb. 1881) brachte die Delsarte-Stebbins-Gymnastik nach Deutschland. Obwohl sie von entscheidender Bedeutung für die Weiterentwicklung auf diesem Gebiet ist, sind ihre Lebensdaten bezeichnenderweise in keinem Nachschlagewerk, auch nicht in denen des Sports und der Gymnastik zu finden. Von Genvieve Stebbins, Kallmeyers Lehrerin, die in ihrer Arbeit ein medizinisch-hygienisches Verständnis und die Ideen Delsartes in Verbindung mit einer Atemlehre brachte und so als Begründerin der Atem-Gymnastik angesehen werden muß, ist nicht einmal das Geburtsjahr bekannt.
7 Heute befindet sich die Schule Schlaffhorst-Andersen im Jugenddorf Bad Nenndorf (Adresse im Adressenteil).

Zu Gerda Alexander (S. 39)

1 Otto Blensdorf. 1871–1947.
2 Emile Jacques-Dalcroze, 1865–1950.
3 Peter Petersen, 1884–1952..
4 Dore Jacobs, 1894–1979. Begründerin der Bundesschule für Körperbildung und rhythmische Erziehung, Essen und Verfasserin eines Standardwerks der Körperbildung: »Die menschliche Bewegung«.
5 Rosalia Chladek, geboren 1905. Entwickelte als Tanzpädagogin die Chladek-Technik, ein exaktes System tänzerischer Ausbildung.

Nachdem Jacques-Dalcroze 1914 das »Rhythmische Dorf« in Dresden-Hellerau verlassen hatte (vgl. Vorwort), entstand 1919 am gleichen Ort für die inzwischen weiterentwickelte Rhythmische Gymnastik die »Neue Schule Hellerau für Rhythmik, Musik und Körperbildung«. Dort studierte auch Rosalia Chladek. Später, 1925, siedelte die Schule nach Laxenburg bei Wien um.

Zu Gerda Boyesen (S. 59)

1 Isadora Duncan, vgl. Vorwort.
2 Ola Raknes, norwegischer Psychoanalytiker.
3 Wilhelm Reich, vgl. Anmerkung 3) zu Liljan. Espenak.
4 Henrik Ibsen, norwegischer Dramatiker, hatte 1879 das Stück »Nora oder Ein Puppenheim« veröffentlicht, in dem er auf die Brüchigkeit der damaligen bügerlichen Gesellschaftsmoral hinwies und die »Lebenslüge« in ihren verschiedenen Ausprägungen aufdeckte.
5 Aadel Bülow-Hansen war zunächst leitende Physiotherapeutin einer psychiatrischen Abteilung in Oslo gewesen, bevor sie das bald sehr renommierte Bülow-Hansen-Institut eröffnete.
6 Johannes Setekleiv, The spontanous rhythmical acitivity in smooth musculature, in: Journal of Biodynamic Psychology, London 1980, Nr. 1.
7 Jacob Levy Moreno, 1892–1974, praktizierte in Wien als Psychiater. Wanderte 1925 in die USA aus. Begründete die Soziometrie und die Gruppenpsychotherapie.
8 The Collected Papers of Biodynamic Psychology, Bd. 1 und 2, Biodynamic Psychology Publication, London 1980.

Zu Liljan Espenak (S. 83)

1 Alfred Adler, 1870–1937. Schüler von Siegmund Freud. Begründer der Individualpsychologie, die im Geltungs- und Machtstreben den Hauptantrieb menschlichen Verhaltens sieht.
2 Mary Wigman, siehe Vorwort.
3 Wilhelm Reich, 1897–1957. Leitete ab 1922 das Wiener Seminar für psychoanalytische Therapie. Seine Hinwendung zu marxistischen Überlegungen schaffte unüberbrückbare Konflikte mit anderen Hauptvertretern der Psychoanalyse. 1939 emigrierte er in die USA. In seinen Schriften hob er die repressive Funktion der Familie und der Gesellschaft hervor und vertrat die Auffassung, daß diese ihre autoritäre Ordnung vor allem durch sexuelle Unterdrückung aufrechterhalte.
4 American Dance Therapy Association.

Zu Lilli Friedemann (S. 105)

1 Carl Flesch, 1873–1944, Konzertvirtuose und Pädagoge, mußte 1934 emigrieren und ging in die Schweiz, nach Luzern.
2 Paul Hindemith. 1895–1963, Komponist, wandte sich in den zwanziger Jahren einem tonalen Stil zu, der auf Barockelemente zurückgriff, und unternahm Vorstöße in eine musikalisch futuristische Richtung.
3 Hindemith war 1938 in die Schweiz übergesiedelt.

Zu Marianne Fuchs (S. 125)

1 Die Günther-Schule war 1924 von Dorothee Günther (1896–1975) mit Carl Orff als musikalischem Mitarbeiter gegründet worden. Im Dritten Reich war sie an der Choreographie der tänzerischen Massenveranstaltungen u. a., anläßlich der Berliner Olympischen Spiele 1936 und am Breslauer Turnfest 1938 beteiligt.
2 Zur Mensendieck-Arbeit siehe Vorwort.
3 Ernst Kretschmer, 1888–1964, erforschte die menschliche Konstitution und versuchte eine später sehr umstrittene Typengliederung des Menschen, bei der er Körperbau und Charakter in einen unmittelbaren Bezug setzte.
4 Viktor von Weizsäcker, 1886–1957, begründete eine allgemeine »Anthropologische Medizin«. Da er Krankheitssymptome als Ausdruck des Wesens und der Lebensgeschichte des Menschen verstand, hatte er einen wichtigen Einfluß auf die Entwicklung der psychosomatisch orientierten Medizin.

Zu Ilse Middendorf (S. 139)

1 Hede Kallmeyer = Hedwig Kallmeyer, Schülerin von Genvieve Stebbins (vgl. Vorwort).
2 Clara Schlaffhorst und Hedwig Anderson, Begründerinnen der »Atemschule Rothenburg«, der späteren Schlaffhorst-Andersen-Schule. Siehe auch Vorwort.
3 Elsa Gindler, vgl. Vorwort.
4 Taiji, auch »Chinesisches Schattenboxen« genannt, ist eine langsam ausgeführte Bewegungskunst, die zur Verteidigung dient und heute hauptsächlich zur Kräftigung der Gesundheit betrieben wird. – Qi-gong (chin.) heißt übersetzt »Arbeit am Qi«, der Lebensenergie. Mithilfe von Bewegungen, in Verbindung mit bestimmten Weisen zu atmen und der gesammelten Konzentration sollen Blockaden im Qi-Strom wieder in Fluß gebracht und die Lebenskraft gestärkt werden. Sowohl Taiji als auch Qi-gong fußen auf philosophischen Konzepten des Taoismus und der u. a. daraus entstandenen Meridianlehre der chinesischen Medizin.

Zu Trudi Schoop (S. 157)

1 Marian Chase unterrichtete Modern Dance in einer eigenen Schule; als sie die therapeutischen Möglichkeiten des Tanzes entdeckte. Kurz bevor es üblich wurde, ausgiebigen Gebrauch von Psychopharmaka zu machen, begann sie in den Vierziger Jahren ihre Entdeckungen am St. Elizabeth Hospital in Washington D. C. auszugestalten und zu erweitern.
2 Werner Fink, 1902–1978, hatte 1929 in Berlin das Kabarett »Die Katakombe« gegründet, das 1935 staatspolizeilich geschlossen wurde.
3 Stamina: Stehvermögen, innere Standfestigkeit.

Zu Laura Sheleen (S. 187)

1 Martha Graham, 1894 in Pennsylvania geboren. – Tanzhistoriker sehen den Beginn des »Modern Dance« mit dem Debut von Martha Graham 1926. Die Bezeichnung »Modern Dance« stammt von einem Tanzkritiker der New York Times, John Martin. Von Isadora Duncan und Mary Wigman angeregt, war der Modern Dance zunächst expressionistisch. Indem Grahams Tänze sich mit der Geschichte, den Menschen, den Landschaften und dem Leben in den Vereinigten Staaten auseinandersetzten, steuerten sie Wesentliches zum kulturellen Werden

der Nation bei. Mit der Zeit entstand ein tänzerisches Idiom, das zur Beliebtheit amerikanischer Musicals beigetragen hat.

2 Bess Mensendieck, vgl. Vorwort.

3 Carl Gustav Jung, 1875–1961. Stand zunächst in enger Verbindung zu Siegmund Freud. Ausgehend von Freuds Psychoanalyse entwickelte er eigene Lehren von der psychischen Energie, der Individuation, vom kollektiven und individuellen Unbewußten, von Archetypen und von introvertierten und extravertierten Bewußtseinshaltungen.

4 Hermann Hesse, 1877–1962, Schriftsteller. In seinem Roman »Der Steppenwolf« thematisiert er die »Krankheit der Zeit«: die seelische Zerrissenheit.

5 Unter »Individuation« verstand Jung die Frage nach den Gesetzmäßigkeiten und Zusammenhängen in der Entwicklung der individuellen Persönlichkeit.

Zu Kaye Hoffman (S. 215)

1 Ein Hauptgedanke der italienischen Antipsychiatrie war, daß eine Gesellschaft nicht auf Dauer die eigenen Schatten wegstecken und Arme, Irre und Kriminelle ausgrenzen kann. Deshalb versuchte man mit den verschiedensten Mitteln, sie zu integrieren.

2 Ernst Bloch, 1885–1977, entwickelte eine »Philosophie der Hoffnung«. Nach dieser vermögen die Natur ebenso wie die Gesellschaft ihre Unfertigkeiten durch innere Entwicklungspotenzen zu überwinden und sich dem utopischen Ziel einer materiell-geistigen Einheit zu nähern.

Im Vorwort verwendete Literatur

Berstein, Penny L. (ed.), Eight Theoretical Approaches to Dance-Movement Therapy. Kendall and Hunt Publ. Comp. 1979

Bode, Rudolf, Ausdrucksgymnastik. C.H. Beck, München 1933

Brooks, Charles V. W., Sensory Awareness. Ross-Erikson Publishers, Santa Barbara 1974

Bucher, Willi und *Klaus Pohl* (Hrsg.), Schock und Schöpfung. Jugendästhetik im 20. Jahrhundert. Hermann Luchterhand Verlag, Darmstadt und Neuwied 1986

Ehrenfried, Lily, Atmen, Bewegen, Erkennen. Bücherkabinett, Berlin 1986

Feudel, Elfriede, Rhythmik. Delphin Verlag, München 1926

Klein, Petra, Tanztherapie. Eres Edition, Lilienthal 1988

Kofler, Leo, Die Kunst des Atmens. Bärenreiter-Verlag, Kassel 1951

Kallmeyer, Hedwig, Heilkraft durch Atem und Bewegung. Karl F. Haug Verlag, Heidelberg 1975
Mensendieck, Bess, Die Gymnastik der Frau. Max Hesse Verlag, München 1912
Schlaffhorst, Clara und *Hedwig Andersen,* Atmung und Stimme. Möseler Verlag, Wolfenbüttel 1928
Schuftan, Werner, Handbuch des Tanzes. Verlag Deutscher Chorsängerverband und Tänzerbund e.V., Mannheim 1928
Schur, Ernst, Der Moderne Tanz. Lammers Verlag, München 1910
Stolze, Helmuth, Die Konzentrative Bewegungstherapie. Verlag Mensch und Leben, Berlin 1984
Wigman, Mary, Deutsche Tanzkunst. Carl Reißner Verlag, Dresden 1935

Weiterführende Literatur

Gerda Alexander: Eutonie. Kösel Verlag, München 1978.
Gerda Boyesen: Über den Körper die Seele heilen. Kösel Verlag, München 1987.
Liljan Espenak: Tanztherapie. Sanduhr Verlag, Dortmund 1985.
Lilli Friedemann: Trommeln – Tanzen – Tönen. Universal Edition. Wien 1983.
– Einstiege in neue Klangbereiche durch Gruppenimprovisation. Universal Edition. Wien 1973.
– Kinder spielen mit Klängen und Tönen. Möseler Verlag, 1971
– Kollektivimprovisation als Studium und Gestaltung neuer Musik. Universal Edition, Wien 1969.
Marianne Fuchs: Funktionelle Entspannung. Hippokrates Verlag, Stuttgart 1984.
Kaye Hoffman: Tanz, Trance, Transformation. Knaur Verlag, München 1986.
– Von Göttern besessen. Trickster Verlag, München 1986.
Ilse Middendorf: Der Erfahrbare Atem. Junfermann-Verlag, Paderborn 1987.
Trudi Schoop: ...komm und tanz mit mir! Verlag Musikhaus Pan, Zürich 1981.
Laura Sheleen: Maske und Individuation. Junfermann-Verlag, Paderborn 1987.

Adressen

Gerda Alexander: Eutonie
Gerda-Alexander-Schule
Schillerstraße 27
3360 Osterode am Harz

Gerda Boyesen: Biodynamische Psychologie und Psychotherapie
Gerda Boyesen Institute
Acacia House
Centre Avenue, Acton Park
GB-London W3 7JX

Marianne Fuchs: Funktionelle Entspannung
Arbeitsgemeinschaft Funktionelle Entspannung e. V.
Hauptstraße 44
2432 Riepsdorf

Kaye Hoffman: Trancetanz
Coloman-Zentrum
Augustenstraße 46
8000 München 2

Ilse Middendorf: Der Erfahrbare Atem
Helge Langguth
Postweg 23
6124 Beerfelden-Falken-Gesäß

Laura Sheleen: Expression/Impression Corporelle
Laura Sheleen
Annay sur Serein
F-89310 Noyers, Frankreich

Schlaffhorst-Andersen
Schule Schlaffhorst-Andersen
Jugenddorf Bad Nenndorf
Bornstraße 20
3052 Bad Nenndorf

Tanztherapie
Deutsche Gesellschaft für Tanztherapie
Königsberger Straße 60
5024 Pulheim

Fotonachweis:
Seiten: 41, 61, 85, 107, 127, 159, 189 und 217: Daniel Grolle; Seite 21 unten: aus dem Privatbesitz von Sophie Ludwig; Seite 141: Ursula Hagedorn; die Fotos auf den Seiten 42, 91, 113, 117, 132, 143, 193 und 197 kommen aus dem Privatbesitz der Abgebildeten.